高校课程思政建设的机制创新研究

杜 鹏 著

中国纺织出版社有限公司

内 容 提 要

本书以新时代高校课程思政的机制建设为研究内容，以马克思主义理论为研究基础，以习近平新时代中国特色社会主义思想为指导原则，从协同、施教和保障三大机制出发探索课程思政建设的内在机理及运行规律。首先，梳理当前国内外关于课程思政研究的现状；其次，明确课程思政三大机制的相关概念和功能；再次，从思想政治教育的主体、载体和环体等维度分别对协同机制、施教机制和保障机制的科学构建进行深入探讨；最后，围绕课程思政三大机制的相互作用和耦合优化进行了深入分析。本书在思想政治教育学方法论的基础上，综合运用了计算科学、系统科学和社会学等多门学科的研究方法，针对新发展阶段高校课程思政建设面临的现实问题，剖析影响高校课程思政实效性发挥的因素及瓶颈，探索全面推进课程思政建设的内在机理及机制构建。

图书在版编目（CIP）数据

高校课程思政建设的机制创新研究 / 杜鹏著. -- 北京：中国纺织出版社有限公司，2023.9
ISBN 978-7-5229-1075-8

Ⅰ. ①高… Ⅱ. ①杜… Ⅲ. ①高等学校－思想政治教育－教学研究－中国 Ⅳ. ① G641

中国国家版本馆 CIP 数据核字（2023）第 190852 号

责任编辑：史 岩　　责任校对：高 涵　　责任印制：储志伟

中国纺织出版社有限公司出版发行
地址：北京市朝阳区百子湾东里A407号楼　邮政编码：100124
销售电话：010—67004422　传真：010—87155801
http://www.c-textilep.com
中国纺织出版社天猫旗舰店
官方微博 http://weibo.com/2119887771
北京虎彩文化传播有限公司印制　各地新华书店经销
2023年9月第1版第1次印刷
开本：710×1000　1/16　印张：11.5
字数：179千字　定价：99.90元

前言

习近平总书记在全国高校思想政治工作会议上强调，要坚持把立德树人作为中心环节，把思想政治工作贯穿教育教学全过程，实现全程育人、全方位育人，努力开创我国高等教育事业发展新局面，习近平总书记的讲话为我国高校课程思政建设提供了根本的理论遵循。课程思政是我国思想政治教育工作的重大理论创新，不仅是课程建设的逻辑起点，也是人才培养的价值旨归。课程思政强调充分发挥各类课程的思想政治教育功能，在知识传授中实现价值引领，打造全员、全程、全方位育人格局。课程思政建设事关中国特色社会主义事业接班人问题，事关党和国家的长治久安，事关民族复兴和国家崛起。全面推进课程思政建设从根本上回应了“培养什么人、怎样培养人、为谁培养人”的重大理论与实践问题，为我国应对世界百年未有之大变局提供人才支撑，是推动党和国家事业战略发展的题中应有之义，是高校坚持社会主义办学方向的重要抓手。新时代探索高校课程思政的协同、施教和保障是全面推进课程思政建设的本质性规律研究，不但具有一定的理论创新价值，而且对新阶段高校课程思政的教育教学实践具有重要的指导意义。

高校课程思政建设是一项复杂的系统工程，探究其内在的生成机理及运行规律，需重点加强协同、施教和保障三大机制的建设。协同机制在高校课程思政建设系统中发挥“聚力”的功能，通过汇聚多方合力，为系统正常有序且高效运行提供能量，构建高校课程思政建设的合力场域，进而推动高校课程思政全面建设；施教机制在高校课程思政建设系统中发挥“化力”功能，主要将基于协同机制聚合的各类资源力量转化为思想力量，是课程思政理念在高校贯彻落实的关键；保障机制在高校课程思政建设系统中发挥“助力”功能，从组织、制度、评价等多方面为高校课程建设提供源源不断的助推力量，形成高校课程思政建设庞大的支撑体系。三大机制既彼此独立又相互作用，不断促进高校课程思政系统的持续运行和生成性发展。

协同机制是高校课程思政建设全面推进的基本前提。本研究从思想政治教育的主体、环体和载体三个维度构建课程思政协同机制：在主体维度上，打造教育共同体，汇聚教育主体、受教育主体与研究主体协同育人的作用合力，构建全员、全方位育人格局；在环体维度上，重构课堂育人新生态，结合网络环境、校园环境和社会环境的思想政治教育资源，与课堂思政实现互动支撑，打造良好的课程思政育人场域；在载体维度上，创新课程育人体系，着力构建以思政课程为引领、各类课程横向贯通、大中小学课程思政纵向衔接的“一横一纵一引领”的课程体系，助力高校课程思政建设全面高质量推进。

施教机制是高校课程思政高质量建设的关键。本研究从思想政治教育学的视角出发，围绕思想政治教育的主体——教师、思想政治教育的载体——课程、思想政治教育的环体——课堂，分别重点探讨了教师能力的提升、课程设计的模式和课堂育人的科学路径。良好的施教机制是实现高校课程思政育人规范化、科学化和常态化的重要基础，其中，运用定性比较分析法提出教师课程思政能力需要从课程思政意识、专业素养、思政元素挖掘能力等多个方面着力提升；基于扎根理论对高校课程思政案例进行了内容分析，提出 WWH 课程设计模型以指导课程设计实践；深入分析传统课堂、在线课堂和翻转课堂的思想政治教育资源，充分发挥数字化时代各类课堂的协同育人功能。

保障机制是高校课程思政建设实现可持续发展的有力支撑。本研究从保障的可持续性、组织管理和高质量建设的角度提出：建立可持续发展的传播机制，从传播者、传播方式和传播受众的维度，发挥教师引导力、提升理念的网络传播力、激发学生的主体能动性；实施强有力的管理机制，围绕制度管理、组织管理和资源管理科学构建高校课程思政管理机制；建设高质量的多主体评价体系，厘清高校课程思政评价的内在逻辑，逐步完善高校课程思政评价体系，帮助教育工作者有效改进教学策略，对高校课程思政建设具有重要的推动作用。

协同机制、施教机制和保障机制在高校课程思政机制建设中彼此相互协同、相互作用。在实际运行中，要实现高校课程思政整体的耦合优化，需以协同机制为推进高校课程思政全面建设的基本前提，以施教机制为课程思政理念在高校贯彻落实的关键环节，以保障机制为高校课程思政持续发展的重要支撑，唯有如此，才能实现高校课程思政建设的可持续化高质量建设的发展目标。

杜鹏

2023 年 4 月

目录

第一章 绪 论

1.1 选题缘由及研究的目的和意义

课程思政强调发挥所有课程的思想政治教育功能，在知识传授中实现价值引领，是新阶段我国思想政治教育工作的理论创新，也是高校落实立德树人根本任务的重大战略举措。习近平总书记在全国高校思想政治工作会议上强调，“提升思想政治教育亲和力和针对性，满足学生成长发展需求和期待，其他各门课都要守好一段渠、种好责任田，使各类课程与思想政治理论课同向同行，形成协同效应”[1]。习近平总书记的讲话为我国高校课程思政建设提供了基本的理论遵循。

1.1.1 选题缘由

新发展阶段，党和国家事业对我国高等教育的人才培养提出了更高的要求，思想政治理论课“唱独角戏”的育人模式已经不能满足新时代高等教育的需求，亟须通过加强课程思政的机制建设提升育人效果。

第一，课程思政建设是中央提出的明确要求。2017 年，教育部印发《高校思想政治工作质量提升工程实施纲要》，在提出的十大育人体系中课程育人居首位，以教育教学质量提升作为其首要任务，要求课堂教学应设立课程思政目标，无论是课程、教材，还是教学设计，都要加强教学管理，把各类专业中蕴含的思想政治教育元素深入挖掘并有机融入教学环节，充分发挥各类学科所承载的思想政治教育功能，实现学科知识与价值引领的有机统一。2018 年，教育部印发《关于加快建设高水平本科教育　全面提高人才培养能力的意见》，强调无论课程思政，还是专业思政，都应得到重视，高校课程思政建设要拓宽视野，努力

[1] 习近平在全国高校思想政治工作会议上强调：把思想政治工作贯穿教育教学全过程开创我国高等教育事业发展新局面 [N]. 人民日报 ,2016-12-09.

构建全员、全程与全方位育人大格局，做好高校课程思政的整体设计，依据不同的专业，结合其各学科独特的人才培养目标，特殊的专业能力要求，设计科学的差异化的思想政治教育内容，提升每位教师自身的思想政治素养，实现每门课程的思想政治教育元素在教学过程中的有机融入，使思想政治教育真正贯穿于本科教育教学全过程。2019 年，中共中央办公厅、国务院办公厅印发《关于深化新时代学校思想政治理论课改革创新的若干意见》，该意见提出要在整体上全面推进高校课程思政建设，要求各类课程要积极配合，重点建设一批课程思政示范高校、示范课程、教学团队和研究中心。2020 年，教育部印发《高等学校课程思政建设指导纲要》，该纲要是全面推进课程思政建设的行动指南，明确了不同学科专业分类推进的价值目标及内容挖掘重点，要求进一步健全评价体系及激励机制，加强条件及实施保障。2021 年，教育部、财政部、国家发展改革委联合印发《“双一流”建设成效评价办法（试行）》，该办法提出加快“双一流”建设，促进高校内涵式、高质量发展，要求高校在人才培养评价方面，坚持以立德树人成效为根本标准培养一流人才，综合考察高校的思政课程、课程思政、教学的投入与改革、创新创业教育、毕业生就业质量以及德、智、体、美、劳全面发展等方面的建设举措与成效。2022 年，教育部、财政部、国家发展改革委联合印发《关于深入推进世界一流大学和一流学科建设的若干意见》，其中，提出造就一流的自立自强人才方阵，要求完善全员、全过程、全方位育人体制机制，不断加强思政课程与课程思政的协同育人机制建设，努力培养爱国爱民、实学实干、能堪大任的时代新人。

第二，课程思政是高校思想政治教育领域的研究热点与前沿问题。随着高等教育改革的全面深化，高校课程思政建设研究已经引起学界的广泛关注，在中国知网 CNKI 中，关键词设定为课程思政，截至时间为 2021 年 12 月 20 日，检索到文献数量 17307 篇，从 2017 年到 2021 年的文献数量分别为 34 篇、381 篇、1986 篇、5705 篇、9201 篇，可见，课程思政近五年的发文量呈爆发式增长趋势，且每年的成果数量非常庞大。运用文献计量学的 CiteSpace 工具进行计量分析和可视化呈现后发现，课程思政研究内容不断丰富，研究主题呈现多样化特征，从金课、“双一流”到产教融合；研究方法不断拓展，从教育学、系统论、课程论到心理学等多学科视角；课程思政研究的专业领域非常广泛，从外语、中药、食品到化学等多个领域；研究的学者既有一线的教学工作者，也有许多学科的学术泰斗。可以看出，课程思政已引起学术界的广泛关注，并成为当前思想政治教育和课程教学改革领域的重要研究热点和前沿问题。

第三，课程思政机制建设研究是解决高校思想政治教育现实问题的需要。一方面，课程回归育人本质的需要。长期以来，高校课程建设，尤其是专业课程在教学方面存在知识、技能传授与价值引领的人为分割问题，认为思想政治教育只是思政课教师的职责，导致专业课程育人效果不理想，课程思政与思政课程只有相互协同，才能相互促进，实现学科协同育人，加强各类课程在教育目标、教育主体、教育内容和教育功能等方面的思想政治教育，从而解决思想政治理论课教学一定程度上存在的失语、失真、失效、断裂、滞后等话语困境。另一方面，课程思政建设亟须学理支撑。经过近五年的理论与实践探索，课程思政建设取得了一定的成绩，课程思政理念已深入人心，然而，课程育人的效果与课程建设的目标依然存在一定的差距。随着课程思政建设的全面推进与深化，要实现课程思政的高质量建设，实现从建设 1.0 版到建设 2.0 版的跃升，除了教学实践经验的总结，还需要从机制建设的视角探索课程思政发展的内在规律，为课程思政的实践推进夯实坚实的理论基础。

1.1.2 研究目的

本研究以新时代高校思想政治教育的变革为背景，从系统论的视角出发，运用文献研究法、访谈法等多种研究方法，在厘清其重要影响因素的基础上，力图从机制完善的视角探究课程思政建设的规律。

第一，寻求在课程思政建设瓶颈方面做突破性尝试。课程思政理念自提出以来，在理论和实践层面虽然取得了一定的成果，但由于还处于探索期，理论建设还存在很大的不足，阻碍了课程思政建设向更高水平、更广范围的发展。对于课程思政机制建设的研究，试图从理论层面解答高校课程思政建设中的一系列根本问题，结合课程思政在实践推进中面临的挑战，通过深入的理论分析，澄清复杂的事实逻辑，提出科学的优化路径，支撑课程思政立德树人育人目标的实现。

第二，着力在课程思政建设规律方面做模式性探究。课程思政建设是一项复杂的系统工程，涉及所有专业的全部课程，仅依靠经验研究是不够的，需要探索其运行发展的规律从而更好地指导教育教学实践。机制是对事物内在机理及规律的深入探究，从机制建设视角出发研究课程思政全面推进，是对其发展过程本质及规律的深入研究，是对课程思政各构成要素、关系深入剖析，以期深化对课程思政系统运行的作用规律认识。

第三，尝试在课程思政建设理论方面做拓展性探讨。课程思政建设作为思想政治教育的创新理念，亟须丰富其理论体系建设，夯实其学理基础，借鉴心理学、传播学、教育学等学科的理论研究方法，结合课程思政面临的挑战，完善高校课程思政的评价体系、课程体系，对指导高校课程思政实践，进一步充实和丰富课程思政的理论体系具有重要的现实意义。

1.1.3 研究意义

高校课程思政建设是一项复杂的系统工程，从协同机制、施教机制和保障机制视角研究高校课程思政各影响要素间的作用、关系及其发展规律，具有重要的理论意义和现实意义。

（1）理论意义

第一，有助于完善“大思政”理论体系问题的研究。构建以习近平新时代中国特色社会主义思想为指导的“大思政”工作格局，是对高校如何培养人的基本要求，课程思政是对“大思政”格局下全方位、多层次、立体化的育人课程体系的现实回应，是新阶段加强高校人才培养的新举措和新方向。研究高校课程思政的协同机制、施教机制和保障机制等内容，为思想政治教育理论体系增添新的内容，使“大思政”理论日臻丰富和完善。

第二，有助于拓展高校课程思政研究的方法论体系。课程不仅承载着知识，还蕴含着思想，新时代我国高校课程目标必须将价值育人放在首位，课程思政建设是一项复杂的工程，涵盖所有学科门类的全部课程，运用心理学、教育学、计算科学、社会学等多学科的研究方法，结合大数据分析等实证研究，结合质性分析和计量学的软件，大大丰富了课程研究的方法论体系，对高质量课程建设提供了方法论保障。

第三，有助于深化高校课程思政的本质规律认识。本研究试图突破和超越以往人们对课程思政研究的单一思路，从一个全新的多维视角来追问课程思政的发生机理，以期从协同机制、施教机制和保障机制三个方面，勾勒课程思政全面推进的多维图景，从而为当前课程思政发展的定位寻找到合理的根据，夯实高校课程思政建设的理论根基，这是对课程思政建设的基础性、系统性研究，具有重要的学术价值。

（2）现实意义

第一，本研究有利于促进高校人才培养价值目标的实现。加强课程思政机制建设研究，能有效推动社会主义核心价值观在大学生全面发展过程中的积极促进作用。当前，国内、国外各种社会思潮不但同步交织，而且相互激荡，加上大学生互联网信息获取的碎片化、信息推送的订制化，使社会主义核心价值观在引领大学生社会思潮方面的任务更加艰巨。面对国内和国外复杂形势，面对青年人必须担当的百年强国重任，提升学生的政治素养已刻不容缓，加强课程思政的运行机理研究，明确价值目标在人才培养中的重要地位，有助于推进高校人才培养价值目标的实现。

第二，本研究有助于保障高校课程思政育人工作的有效实施。高校课程思政机制建设研究是促进高等教育课程思政工作常态化、长效性发展的重要保障，也是高校立德树人培养目标的内在需要。让教育回归育人本质，课程思政是解决其问题的有效路径，研究高校课程思政机制建设，旨在真正实现知识传授与价值引领的有机结合，实现高校所有教师的协同育人目标。全面推进高校课程思政建设，需要多种要素的相互作用，然而，当前高校课程思政缺乏系统性研究，所以，研究高校课程思政机制建设，有助于我们把握高校课程思政的作用机理和发展规律，以努力培养全面发展的人为导向，探索构建课程思政教育新模式，统筹多方资源并汇聚各类资源，通过建立健全育人机制，从而提升高校课程思政实施的有效性。

第三，本研究为高校教师的课程思政教育实践改革提供直接的教学参考。理论源于实践，又指导新的实践。课程思政建设涉及高校的所有学科门类，覆盖所有的任课教师。近年来，越来越多的教师结合自身的学科专业开展课程思政的教学改革实践，丰富课程思政实践探索的案例资源，科学分析并把握这些案例的内在规律，通过模式创新为课程思政教师提供教学的实践借鉴与指导。

1.2 国内外研究综述

新时代，我国面临各种重大风险挑战，课程思政势在必行。在国内，课程思政理念已经引起学者们的广泛关注，并成为思想政治教育领域的研究热点与发展前沿，研究文献的数量呈现较为明显的增长趋势。在国外，高等教育同样面临课程育人的问题，其研究的思路与方法对我国的课程思政建设具有一定的借鉴作用。

1.2.1 国内研究现状

自课程思政理念提出以来，高校课程思政领域的研究成果呈现逐年爆发式增长趋势，为本研究奠定了一定的基础，其中，从读秀学术上检索到的专著有37种，从京东读书上搜索到课程思政相关的专著、案例集和相关教材有58种，从中国知网上检索到的学术文献有17000余篇，为科学把握本领域的研究动态与发展态势，本研究运用文献计量学的方法，对课程思政研究领域中的核心期刊论文进行了实证量化分析。

（1）数据来源

本研究的数据源为中国知网的期刊数据库，采集时间为2021年3月6日，检索条件设定为：主题为“课程思政”，来源类别包括“核心期刊”和“CSSCI”，时间范围为2017～2021年，最终获取文献数量736篇，去除书评、研讨会综述、工作巡礼、重复文献和不相关的无效数据，最终确定有效文献482篇作为本研究的数据集。

（2）聚类分析

本研究使用文献分析工具CiteSpace，通过共现分析方法，采用Log-Likelihood Ratio（LLR）算法，对筛选的核心期刊论文数据进行聚类分析，生成高校课程思政研究关键词聚类图谱，得到10个分组聚类标签（见图1-1）。经人工干预和专家筛查，选取与高校课程思政可持续发展研究主题相关的聚类，并对内容高度一致的标签进行合并处理后，最终确定为四大主题聚类：内涵、思政课程、教学改革和实践路径。

第一，课程思政的内涵聚类。本部分对应图谱中的6号标签“内涵”和5号标签“知识传授”的相关内容，主要聚焦于课程思政的概念界定和本质特征，其主要标识词有要素、立德树人、人才培养、学理依据、原则、大思政格局、“三全育人”等。理论是指导实践的先导，对课程思政本质特征的准确解读是开展课程思政建设实践的重要前提，课程思政强调要发挥所有课程的思想政治教育功能，以实现“三全育人”立体化格局。

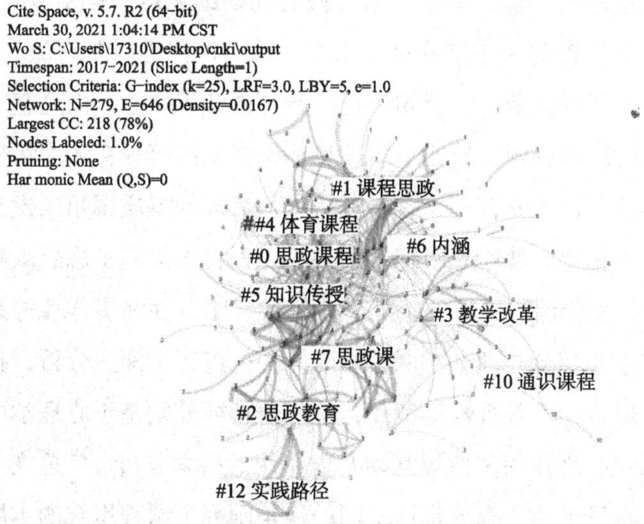

图1-1 课程思政研究关键词聚类图谱

关于课程思政的内涵，学者们从不同角度进行了阐释，笔者将其归纳为三类：其一，挖掘论。从学科知识的功能出发，挖掘其显性与隐性的育人资源，以知识本身中所蕴含的不同的思想政治教育元素作为切入点，充分梳理并发挥其不同学科的独特的育人功能[1]，着重强调学科知识自身所蕴含的价值属性。有学者从课程思政与大思政之间的关系界定课程思政的核心及目标，强调只有挖掘不同学科专业中的思想政治教育资源，才能推进课程思政建设，进一步完善大思政课程育人体系。[2]挖掘论强调事物的整体性，从学科知识自身中进行价值元素的提取，凸显学科知识所特有的价值属性。其二，融入论。从知识技能教育与价值教育相分离的“两张皮”问题出发，认为课程思政是通过在课程教学过程中融入思想政治教育以实现知识能力与思想价值两者之间的辩证统一。有学者将课程思政界定为把马克思主义科学的理论体系、社会主义核心价值观、新时代的精神追求等内容融入课程教学中，通过潜移默化的方式，对高校大学生的思想以及行为产

[1] 邱伟光．论课程思政的内在规定与实施重点 [J]. 思想理论教育 ,2018（8）:62-65.

[2] 闵辉．课程思政与高校哲学社会科学育人功能 [J]. 思想理论教育 ,2017（7）:21-25.

生深刻影响。[1]融入论在概念界定过程中，把课程思政抽象为课程与思政两个事物加以阐述，追求像“盐”溶于“水”似的润物细无声一样的育人效果。其三，目标论。从高等教育的人才培养目标出发，认为课程思政是解决为“谁培养人”的问题，不是就课程谈课程，就知识技能而传授知识技能，而是基于为党育人和为国育才的高度理解课程思政的本质。目标论强调高等教育人才培养目标应把德育目标放在首位，育人先育德，有学者从育人目标的本质视角出发提出，与传统自发的课堂育人相比，课程思政把各学科的课程育人提到了思想政政治教育的新高度。[2]此外，关于课程思政的特征，广泛性、隐蔽性和多样性等是课程思政的明显特点，有学者结合心理学对课程思政的特征进行了深入分析，指出课程思政具有潜隐性、融合性、系统性等特点，这三个特征分别基于心理学中的无意识心理作用、有意识心理作用和情境互动心理作用的科学分析。[3]总之，无论是挖掘论、融入论还是目标论，都分别从不同的视角阐释了课程思政的本质内涵，有助于我们更全面地理解并把握课程思政的概念特征。

第二，思政课程聚类。本部分对应图谱中的 0 号标签“思政课程”和 7 号标签“思政课”的相关内容，主要聚焦于思政课程与课程思政协同育人的理念与实践，其主要标识词有：协同育人机制、大思政、同向同行、政治性、价值引领、内在逻辑、马克思主义理论学科、社会主义核心价值观教育、教学质量、协同效应、学科核心素养、教师和新工科等。思政课程在课程思政建设过程中发挥着重要的协同育人作用，坚持思想政治理论课在高校课程思政建设中的主导性定位[4]，实现学科间的逻辑互构[5]，思想政治理论课引领课程思政建设发展的政治方向，课程思政对思想政治理论课的师资以及资源力量方面有所拓展。[6]关于积极构建各类课程协同育人大格局的实现路径，有学者提出构建包

[1] 王学俭，石岩．新时代课程思政的内涵、特点、难点及应对策略 [J]. 新疆师范大学学报（哲学社会科学版），2020,41（2）：50-58.

[2] 邱开金．从思政课程到课程思政，路该怎样走 [N]. 中国教育报，2017-03-21.

[3] 沈贵鹏．心理学视域中泛课程思政的特点诠释 [J]. 思想理论教育，2018（9）：66-71.

[4] 陈斌．高校课程思政的生成逻辑与推进策略 [J]. 中国高等教育，2020（Z2）：13-15.

[5] 于桂花．“课程思政”教学实践路径探析 [J]. 教育理论与实践，2020（40）：27-29.

[6] 王景云．论“思政课程”与“课程思政”的逻辑互构 [J]. 马克思主义与现实，2019（6）：186-191.

括思政课程、综合素养课程以及专业课程“三位一体”的课程思政体系；[1]加强制度协同、课程协同、队伍协同，完成立德树人根本任务。[2]总之，当前学界已经开始关注课程思政的协同育人问题，但实践过程中依然存在学科课程间思政元素挖掘的随意性较大、各自为政且内容比较分散的特点，其协同合力作用的发挥还有待加强。

关于思政课程与课程思政的关系研究，有学者提出，课程思政并不是将专业课讲成思想政治理论课，两者的核心本质都是育人，但侧重点不同：一方面，在教学任务与目标、教育方向与功能、教育内容与要求等方面有本质的联系；另一方面，在思想政治教育内容、教育地位、教育特点、教育优势等方面各有侧重，正确把握两者的关系，要认清两者的本质联系，厘清两者的区别，发挥各自育人优势，增强协同联动育人效应。[3]有学者认为，思政课程与课程思政两者应当构建相辅相成的协同效应，从学术理论的角度分析两者的本质，都属于思想政治教育的范畴，表现在隐性和显性方面；从教育伦理的角度进行分析，两者都对受教育者的主体性给予了足够的重视和尊重；从内在逻辑的角度出发分析，两者共同指向立德树人的育人宗旨；两者的思想政治资源相得益彰，都具有不同的育人侧重点，其互动逻辑体现了统领与递进的相互关联。[4]还有学者认为，从思政课程向课程思政拓展，就是要在坚持思想政治理论课作为高校思想政治教育的主阵地与主渠道的同时，深入挖掘其他各类课程的育人元素，使各类课程与思想政治理论课同向同行，形成协同效应。[5]还有学者认为，以系统思维的层次性、完整性、协同性和开放性为指导原则，有利于更好地构建思政课和课程思政协同育人

[1] 高德毅，宗爱东．从思政课程到课程思政：从战略高度构建高校思想政治教育课程体系 [J]. 中国高等教育，2017（1）：43-46.

[2] 齐鹏飞．全面实现思政课程与课程思政的同向同行 [J]. 中国高等教育，2020（Z2）：4-6.

[3] 石书臣．正确把握“课程思政”与思政课程的关系 [J]. 思想理论教育，2018（11）：57-61.

[4] 巩茹敏，霍跃．构建课程思政与思政课程协同效应的新审视 [J]. 思想政治教育研究，2021，37（1）：74-78.

[5] 章忠民，李兰．从思政课程向课程思政拓展的内在意涵与实践路径 [J]. 思想理论教育，2020（11）：62-67.

体系，实现人才培养育人目标[1]。在办好思政课的基础上，着力加强课程思政顶层设计，着力构建大思政协同育人模式，建立健全课程思政制度体系，是思想政治理论课与课程思政两者逻辑互构的实现路径。[2]

关于高校课程思政与思政课程的同向同行关系要着力把握几个问题：在同向方面要努力解决政治方向、育人方向和文化认同的一致性问题；在同行方面要重点把握同步推进、互促发展以及资源共享等问题。同向和同行两者之间是辩证统一的关系，在这对关系中，同向是重要前提，同行是主要目的，同向为同行创造条件，最终实现协同育人效应。因此，澄清课程思政与思政课程在高校思想政治教育工作中的协同育人定位，提炼核心课程，建构以思政课程为主导的施教机制，加强制度创新，从而为高校课程思政与思政课程的同向同行提供重要的保障。[3]课程思政是高等教育理念、思想政治教育本质和马克思主义教育理论发展的必然，从思政课程到课程思政，其理论基础是课程的系统性与协同性的耦合，科学性与人文性的融通。[4]总之，课程思政是我国新发展阶段高校思想政治教育的创新发展理念，应从学理层面厘清思想政治理论课与课程思政二者之间达成逻辑互构的内在机理，深入研究二者在实践中的逻辑互构实现形式，充分发挥思想政治理论课的价值引领功能，从而实现高校课程思政与思政课程二者的同向同行。

第三，教学改革聚类。本部分对应图谱中的 3 号标签“教学改革”、4 号标签“体育课程”和 10 号标签“通识课程”聚类的相关内容，其主要标识词有：教学方法、课程标准、思政元素、评价考核、教学质量、教师队伍、体育教学、医学专业、新工科等，该类主要聚焦于课程思政视角下的教育教学研究，学者们有关教学改革的研究主要围绕几个方面展开：在教学方法方面，学者们在传统的

---

[1] 马利霞，赵东海．系统思维视域下构建思政课程与课程思政协同育人体系 [J]. 系统科学学报，2021, 29（1）:47-50, 66.

[2] 王景云．论“思政课程”与“课程思政”的逻辑互构 [J]. 马克思主义与现实，2019（6）:186-191.

[3] 邱仁富．“课程思政”与“思政课程”同向同行的理论阐释 [J]. 思想教育研究，2018（4）:109-113.

[4] 何红娟．“思政课程”到“课程思政”发展的内在逻辑及建构策略 [J]. 思想政治教育研究，2017, 33（5）:60-64.

课堂讲授法中融入了混合式教学法[1]、信息技术方法[2]、思政案例教学法[3]等；在教学内容方面，深入挖掘并靶向设计教学的思政内容供给，内容设计时代感增强，精准扶贫思想[4]、生态文明[5]等被部分学者纳入教学设计；在教学评价方面，有学者提出基于教学要素和“六尚六忌”的整体性评价体系、融于专业考核的思想政治教育考核评价、主观描述性的反馈评价、量化问卷评价和长期跟踪评价[6]，还有学者指出要加强对专业教师的强化培训，提升教师的课程思政意识；进一步推进课堂的教育教学改革，重视家国情怀的培养；加大对教学资源的合理配置，持续完善效果评价制度体系。[7]

此外，有的学者以《系统可靠性分析与设计》课程思政示范课建设为契机，从系统可靠性的学科发展历程，结合系统可靠性与制造强国、科技创新和工匠精神之间的关系，挖掘可靠性领域中的学者专家和产品典型，联系现实生活中由于可靠性问题而引发的给社会带来严重危害的重大事故，围绕工程师应当具备的职业道德以及工程伦理，探索建立以可靠性专业知识和思政元素为核心的新教学体系。[8]虽然高校课程思政的实践推进较快，但教学过程中存在融入内容的质量不高、融入方法有机性欠缺、评价机制不健全等问题，这些问题应引起学界的高度关注。

第四，实践路径聚类。本部分对应图谱中的 1 号标签“课程思政”、2 号标

---

❶ 蒙岚．混合式教学模式下大学英语课程思政路径 [J]. 社会科学家 ,2020（12）:136-141.

❷ 赵洱岽，于彤彤，刘力纬，等．育心明德 道术相济——建构信息技术与教学融合的课程思政之路 [J]. 中国大学教学，2018（9）:52-55.

❸ 冯梅，曹辉，李晓辉．以思政案例为载体的高校课程思政教育教学初探 [J]. 中国高等教育，2020（Z3）:37-39.

❹ 于瑞恩，王静，管兰芳，等．精准扶贫思想融入《包装工艺学》课程的教学改革探索与实践 [J]. 包装工程，2020,41（S1）:112-115.

❺ 吴明红．思政课程中融入生态文明教育的实现模式探析 [J]. 思想政治教育研究 ,2018,34（3）:97-100.

❻ 杜震宇，张美玲，乔芳．理工科课程思政的教学评价原则、标准与操作策略 [J]. 思想理论教育 ,2020（7）:70-74.

❼ 肖玥．高校外语专业课程思政的探索实践 [J]. 中国高等教育 ,2020（23）:42-43.

❽ 苏春，陈斌．课程思政的素材挖掘、内容组织与教学实践——以《系统可靠性分析与设计》课程为例 [J]. 东南大学学报（哲学社会科学版）,2019,21（S2）:145-148.

签“思政教育”和12号标签“实践路径”聚类的相关内容，主要聚焦于课程思政的生成路径研究，其主要标识词有教师队伍、模式、改革创新、融合、思想政治教育资源、主阵地、主渠道等，对课程思政生成路径的研究，既是对实践经验的理论升华，也是继续推进课程思政建设的现实需要。其相关研究可归纳为三个方面：其一，教育队伍建设维度的路径构建。管理部门要做好整体规划[1]和制度保障[2]，拓展课程思政平台[3]，形成协同育人工作机制[4]；教师要厚植育人情怀[5]、强化课程思政意识[6]、提升思政素养[7]，着力从认知维度、教学手段和教学氛围创设中提升自身能力[8]；落实学生的主体地位很关键[9]，坚持教师主导性与学生主体性的统一[10]，提升学生的文化素养[11]。例如，有学者指出，政治素质是高校课程思政教师必备的政治品格，教师深层的精神气质和浓厚的政治底蕴要求其自身重视反思性实践，学校主动搭建教室交流合作平台，教育部门定期组织相关的师资培训。[12]其二，教育模式探究维度的路径研究。探索富有地方院校特色的教育模式

❶ 陈明．仁德、仁术、仁人——中医药院校课程思政建设的思考与路径 [J]. 时珍国医国药，2018, 29（11）:2751-2753.

❷ 张驰．教师的课程思政建设意识及其培育 [J]. 思想理论教育，2020（9）:71-76.

❸ 顾晓英．教师是做好高校课程思政教学改革的关键 [J]. 中国高等教育，2020（6）:19-21.

❹ 孙志强，孙斌．地方应用型院校“课程思政”育人体系研究 [J]. 教育理论与实践，2020,40（24）:28-30.

❺ 蒲清平，何丽玲．高校课程思政改革的趋势、堵点、痛点、难点与应对策略 [J]. 新疆师范大学学报（哲学社会科学版），2021（5）:1-10.

❻ 刘在洲，唐春燕．各类课程与思想政治理论课同向同行的契合性与对策 [J]. 学校党建与思想教育，2019（9）:64-66.

❼ 王丹丹．职业教育“课程思政”研究现状与展望 [J]. 中国职业技术教育，2020（5）:46-51.

❽ 何源．高校专业课教师的课程思政能力表现及其培育路径 [J]. 江苏高教，2019（11）:80-84.

❾ 陈斌．高校课程思政的生成逻辑与推进策略 [J]. 中国高等教育，2020（Z2）:13-15.

❿ 吴家华．“八个统一”：新时代思想政治理论课改革创新的根本遵循 [J]. 红旗文稿，2019（7）:11-13.

⓫ 韩玲．文化自信视阈下高职英语课程思政的四维路径 [J]. 中国职业技术教育，2020（35）:65-69.

⓬ 王莹，孙其昂．高校课程思政教师的政治底蕴：学理阐释与厚植路径 [J]. 高校教育管理，2021（2）:1-10.

研究，如强调创设情境、主题探究和活动体验的“田野”模式❶；强调在实践教学与理论学习中构建育人共同体的“耕读”模式❷；“四位一体”的课程思政教育模式❸等。其三，跨学科建构维度的路径研究。多借鉴其他学科的优秀成果有利于本领域的理论建构，例如，课程思政建设从课程论出发，应重视知识选择、课程编制和因材施教；❹从复杂论出发，在要素协同中坚持整体性，在教育方法的持续优化中坚持协调性，着眼于复杂性，从而不断增强课程思政的实效性，提高其教育感染力。❺

（3）时线图分析

从生成的课程思政的时线图（见图 1-2）中，我们可以较直观地获取课程思政研究热点发展的时间脉络及演进趋势，笔者将其划分为研究的起萌、探索和深化三个阶段：第一阶段，研究的起萌期（2017 年），课程思政是上海基于十余年的学科德育实践提出的创新教育理念，协同育人、学科德育、思想政治教育、思政课程等，反映了课程思政产生的渊源和教书育人的价值旨归；第二阶段，研究的探索期（2018 ～ 2019 年），教育主管部门在连续下发的一系列相关文件中为课程思政建设提供了制度保障，这个阶段的研究视野有所拓展，开始关注大学体育、高职院校、研究生等多个领域，对师资队伍能力的研究有所深化；第三阶段，研究的深化期（2020 年至今），自从《高等学校课程思政建设指导纲要》印发以后，全国各大高校积极贯彻落实，课程思政建设迅速覆盖各类院校，涉及所有教师并且涵盖全部学科领域，结合新闻史、外语等具体学科不断创新教学方法的同时，深化规律性认识，构建可持续发展的协同育人长效机制，将成为新阶段高校课程思政研究的重点领域。

---

❶ 谢枝文，李凤全．行走在“田野”的课程思政模式与路径探索——以浙江师范大学地理学科为例 [J]. 地理教学，2021（3）：4-5,24.

❷ 漆勇政，孙倩茹．农林高校课程思政建设的实践路径 [J]. 学校党建与思想教育，2021（6）：46-48.

❸ 何玉海．关于“课程思政”的本质内涵与实现路径的探索 [J]. 思想理论教育导刊，2019（10）：130-134.

❹ 高宁，张梦．对“课程思政”建设若干理论问题的“课程论”分析 [J]. 中国大学教学，2018（10）：59-63.

❺ 张丹丹．复杂性视阈下“课程思政”建设路径研究 [J]. 广西社会科学，2018（9）：211-215.

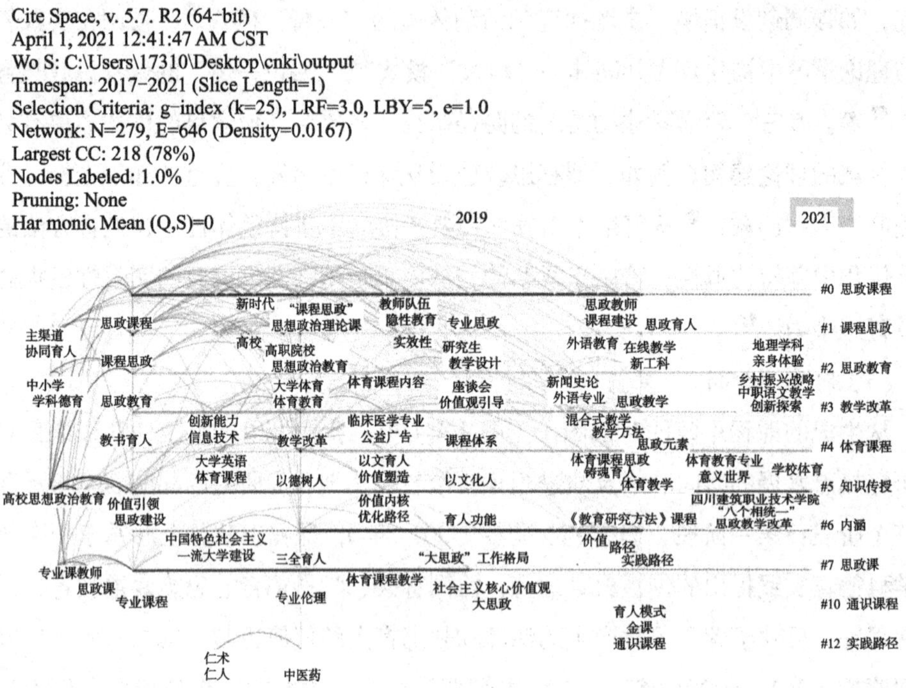

图1-2　课程思政研究时线图谱

总之，在高校课程思政建设过程中，教师、课程、课堂、资源挖掘、制度建设等要素发挥着重要作用，只有充分发挥各要素间的协同育人功能，才能促进高校课程思政建设的全面健康发展。尽管不同维度的路径研究为高校课程思政实践提供了经验参考，然而，由于高校课程思政的影响因素非常复杂，要实现高校课程思政可持续高质量发展目标，应进一步加强并完善机制建设。

1.2.2　国外研究现状

作为当代中国的政治和学术话语，"课程思政"在国外受到的理论关注还不太多，与课程思政直接相对应的学术研究成果甚少，并未形成一些特定的研究领域。国外虽然没有明确的课程思政提法，但是一直以来非常重视其高校的人文素养教育，在课程论、学科知识的人文价值、潜在知识等方面颇有研究，并且综合多学科的理论研究方法，结合定性与定量分析，形成了大量较为丰富的研究成果。在研读了国外有关公民教育、品格教育、道德教育、宗教教育、隐性教育、课程教育和隐性课程的文献后，笔者发现，在国外的"隐性课程"研究中包含大量与高校课程思政相关的理论与实践，关于隐性课程的教育理念，最早源于杜威提出的附带学习理论，即在学习过程中自然而然所产生的情感、态度和价值观。隐性课程（Hidden Curriculum）的概念最早于1968年在杰克逊（P.W.Jackson）的《课堂生活》中被首次提出[1]，他还在书中强调规则、法规和常规是课程构成的基本内容，具有重要的德育功能，对学生的社会化产生重要影响。因此，笔者重点梳理了国外隐性课程研究中课程育人的相关文献。

（1）数据来源

基于Web Of Science核心数据库，为保证文献质量，文献选取WOS核心数据库为数据源，检索时间范围：2002年年初至2021年8月31日，以“hidden curriculum”为主题词进行检索，共检索到文献1267篇，剔除会议摘要、信函、书籍评论、新闻及不相关文献后，纳入文献1226篇。研究发现，国外教师在教学实践过程中积极贯彻隐性课程教育理念，推进价值观建设。[2]而这些对学生职业价值观的培育具有积极意义，对我国当前的课程思政建设具有重要启发价值。

（2）作者及合作网络分析

对论文的主要作者进行可视化图谱分析，设置节点类型为“Author”，网络参数和图形参数都设置为“Hide”，运用CiteSpace绘制作者合作网络图谱，其中，节点中的圆圈越大，代表作者的发文数量越多，节点圆圈之间的连线越粗，表示作者间的合作越频繁，节点圆圈的颜色分别表示各个不同的作者合作网络。从图谱中（见图1-3）可以看出，隐性课程研究的作者与作者之间存在一定的合作交流，主要作者已基本形成了以Haidet P、Hafferty FW和Hafler JP为核心的作者群，部分群内合作研究频繁，部分群内合作一般，群与群之间合作交流很少。

---

[1] 丁道勇 . 不可控的学习 :《课堂生活》开启的学习哲学 [J]. 北京大学教育评论 ,2020（1）:177-187.

[2] Aka, Justine J. Cookson, Natalie E. Hafferty, et al. Teaching by Stealth: Utilising the Hidden Curriculum through Body Painting within Anatomy Education[J]. European Journal of Anatomy, 2018（3）:173-182.

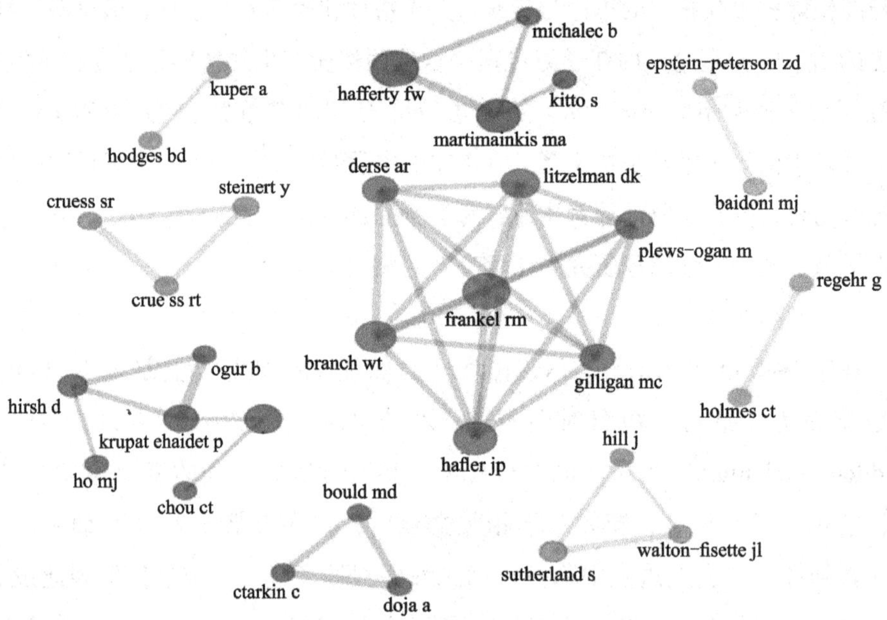

图1-3　作者合作网络图谱

根据普赖斯定律，核心作者认证公式为：

$M \approx 0.749 \times \sqrt{n_{\max}}$（其中，$\sqrt{n_{\max}}$ 即成果产出量最多者的发文数量的平方根；M 即界定核心作者的最低成果产出量）。

计算可得，$M \approx 0.749 \times 3.46=2.59154$，由此，根据取整原则，该领域发文数大于等于 3 篇的发文作者，即为核心作者。结合作者发文数量一览表（见表 1-1），发文数量最多的作者是 Hafferty Fw，数量达 12 篇，其次是 Martimianakis Ma，Haidet P，Hirsh D，数量分别是 11 篇、9 篇和 8 篇。这些学者多为当前隐性课程研究领域较为活跃、知名度较高的隐性课程专家。结合作者发文数量一览表和作者合作网络图谱的数据，我们可以看出，前四位高产学者都分别来自两个不同的学术团队；结合作者高被引文献一览表（见表 1-3），将两表中重复出现的作者在作者发文数量一览表中用底线标注，可以看出，作者的被引次数与发文数量和作者合作相关，这说明在发文数量增长的同时，核心作者产出的文献质量也在同步提高，影响力持续扩大，因此，学术团队的协作对提升研究成果的产出数量和产出质量都具有正向的积极意义。

表1-1 作者发文数量一览表

排序	作者	发文数量 / 篇	首次发文时间
1	Hafferty Fw	12	2002
2	Martimianakis Ma	11	2010
3	Haidet P	9	2003
4	Hirsh D	8	2009
5	Krupat E	7	2007
6	Frankel Rm	6	2006
7	Cruess Rl	5	2006
8	Steinert Y	5	2007
9	Balmer Df	5	2009
10	Bell Sk	5	2010
11	Hafler Jp	5	2011
12	Sutherl And S	5	2012
13	Branch Wt	4	2006
14	Chou Cl	4	2006
15	Cruess Sr	4	2006
16	Hodges Bd	4	2010
17	Karnieli-miller O	4	2010
18	Doja A	4	2015
19	Clarkin C	4	2015
20	Holmes Cl	4	2015

（3）高产期刊

结合文献来源期刊一览表（见表 1-2）可以看出，医学类期刊占绝大多数，这是因为，一方面与医学专业医者仁心的自身特点有关；另一方面与本领域的核心期刊数量偏多有关，其中，*ACADEMIC MEDICINE* 期刊发文量为 108 篇，*MEDICAL EDUCATION*、*MEDICAL TEACHER*、*BMC MEDICAL EDUCATION* 的发文数量分别为 59 篇、50 篇和 45 篇。由此可以看出，国外隐性课程在医学领域的研究是非常深入的，其成功的经验值得我们借鉴。

表1-2 文献来源期刊一览表

刊名	排序	发文数量 / 篇	合并数量 / 篇	分区
ACADEMIC MEDICINE	1	108	108	分区 1
MEDICAL EDUCATION	2	59	167	分区 1
MEDICAL TEACHER	3	50	217	分区 1
BMC MEDICAL EDUCATION	4	45	262	分区 1
JOURNAL OF GENERAL INTERNAL MEDICINE	5	29	291	分区 1
ADVANCES IN HEALTH SCIENCES EDUCATION	6	20	311	分区 1
JOURNAL OF CURRICULUM STUDIES	7	15	326	分区 1
CANADIAN FAMILY PHYSICIAN	8	12	338	分区 1
TEACHING AND LEARNING IN MEDICINE	9	12	350	分区 1
ANATOMICAL SCIENCES EDUCATION	10	11	361	分区 1
ACADEMIC PSYCHIATRY	11	9	370	分区 1
NURSE EDUCATION TODAY	12	9	379	分区 1
JOURNAL OF PALLIATIVE MEDICINE	13	8	387	分区 1
JOURNAL OF SURGICAL EDUCATION	14	8	395	分区 1
JOURNAL OF VETERINARY MEDICAL EDUCATION	15	8	403	分区 1
PHYSICAL EDUCATION AND SPORT PEDAGOGY	16	8	411	分区 1
PATIENT EDUCATION AND COUNSELING	17	7	418	分区 2
CURRICULUM INQUIRY	18	6	424	分区 2
FAMILY MEDICINE	19	6	430	分区 2
LANGUAGE CULTURE AND CURRICULUM	20	6	436	分区 2

（4）高被引文献

论文被引次数是研究主题发展态势与知识流动趋势的重要指标之一，高被引文献是一个领域发展中支柱性的存在，反映了在世界范围内该领域具有较强影响力的学者及其贡献成果。

本研究利用 R 中的 bibliometrix 包对 1226 条参考文献的被引情况进行了分析，从生成的数据表（见表 1-3）中可以看出，作者 HAFFERTY FW 以文献被引 264 次居首位，该作者的研究主要集中在隐性课程在医学领域的推进以及产生的影响。[1] 在 Decoding the Learning Environment of Medical Education: A Hidden Curriculum Perspective for Faculty Development 一文中，作者提出了“教师发展计划”[2] 以帮助教师理解隐性课程在培养学生方面与传统课程的差异，有益于培养教师对知识、技能、价值观的获取能力。进而帮助学生提高综合能力。此外，该学者还研究了隐性课程在医学教育与文学中的应用，作者注意到医生在道德领域和保健行业中人文关怀的下降，提出要关注隐性课程中人文主义在医学教育培训中的必要性。[3]

2006 年发文数量开始急剧增长，并且产出的高被引文献最多，高达 8 篇，在该年有 Paul Haidet 以及 Wade Gofton 等作者发表了一些优秀的高引用量文章。该阶段，隐性课程的研究大多集中在医学方面，学者们纷纷开始关注隐性课程对学生心理成长的影响，以及其在某些领域对优秀人才择业的影响。[4] 此外，人际关系作为隐性课程中一个重要内容，也引起了部分学者的关注，许多学者对学生

---

[1] Frederic W., Hafferty, Dana. Levinson. Moving Beyond Nostalgia and Motives: Towards a Complexity Science View of Medical Professionalism[J]. Perspectives in Biology and Medicine, 2008,51（4）:599-615.

[2] Hafler Janet P, Ownby Allison R, Thompson Britta M,et al. Decoding the Learning Environment of Medical Education: a Hidden Curriculum Perspective for Faculty Development[J]. Academic medicine: journal of the Association of American Medical Colleges, 2011,86（4）:440-444.

[3] Martimianakis Maria Athina Tina, Michalec Barret, Lam Justin, et al. Humanism, the Hidden Curriculum, and Educational Reform: A Scoping Review and Thematic Analysis[J]. Academic medicine: journal of the Association of American Medical Colleges, 2015, 90（11）:5-13.

[4] Gofton Wade, Regehr Glenn. What We Don’t know We are Teaching: Unveiling the Hidden Curriculum[J]. Clinical orthopaedics and related research, 2006, 449: 20-27.

良好医患关系、人际关系的培养研究提出了建议。❶

2012 年发文数量达到波峰，足以证明高质量文献对学科领域的推动作用。在这一阶段，医学方面在隐性课程的研究仍然占很大比例，许多医学博士如 Melanie Neumann 等人研究了隐性课程中所隐含的部分内容有可能产生的负面影响与导致的医疗质量下降的关系，以及学生的个人反思对隐性课程塑造医学生的重要影响。❷与此同时，隐性课程的研究也在不断拓展，Allan, Helen T. 等学者发现隐性课程可以帮助学生提高各方面素养，实现教育的可持续发展。❸

表1-3　高被引文献一览表

谷歌学术搜索	参考文献	引用次数 / 次
link	HAFFERTY FW, 1998, ACAD MED, V73, P403, DOI 10.1097/00001888-199804000-00013	264
link	HAFFERTY FW, 1994, ACAD MED, V69, P861, DOI 10.1097/00001888-199411000-00001	205
link	LEMPP H, 2004, BMJ-BRIT MED J, V329, P770, DOI 10.1136/BMJ.329.7469.770	131
link	GAUFBERG EH, 2010, ACAD MED, V85, P1709, DOI 10.1097/ACM.0B013E3181F57899	73
link	HAIDET P, 2006, J GEN INTERN MED, V21, PS16, DOI 10.1111/J.1525-1497.2006.00304.X	66
link	KARNIELI-MILLER O, 2010, ACAD MED, V85, P124, DOI 10.1097/ACM.0B013E3181C42896	55

❶ Haidet Paul, Stein Howard F. The Role of the Student-Teacher Relationship in the Formation of Physicians. The Hidden Curriculum as Process[J]. Journal of General Internal Medicine, 2006,21（1）:16-20.

❷ Neumann Melanie PhD, Edelhäuser Friedrich MD, Tauschel Diethard MD, Fischer Martin R. MD, Wirtz Markus PhD, Woopen Christiane MD PhD, Haramati Aviad MD, Scheffer Christian MD MME. Empathy Decline and Its Reasons: A Systematic Review of Studies with Medical Students and Residents[J]. Academic Medicine, 2011,86（8）:996-1009.

❸ Gaufberg Elizabeth H. MD MPH, Batalden Maren MD MPH, Sands Rebecca DO, et al. The Hidden Curriculum: What Can We Learn From Third-Year Medical Student Narrative Reflections? [J]. Academic Medicine, 2010,85（11）:1709-1716.

续表

谷歌学术搜索	参考文献	引用次数 / 次
link	JACKSON P.W., 1968, LIFE CLASSROOMS	51
link	FEUDTNER C, 1994, ACAD MED, V69, P670, DOI 10.1097/00001888-199408000-00017	46
link	BRAINARD AH, 2007, ACAD MED, V82, P1010, DOI 10.1097/01.ACM.0000285343.95826.94	37
link	KENNY NP, 2003, ACAD MED, V78, P1203, DOI 10.1097/00001888-200312000-00002	37
link	SOX HC, 2002, ANN INTERN MED, V136, P243, DOI 10.7326/0003-4819-136-3-200202050-00012	37
link	HUNDERT EM, 1996, ACAD MED, V71, P624, DOI 10.1097/00001888-199606000-00014	35
link	CRIBB A, 1999, STUD HIGH EDUC, V24, P195, DOI 10.1080/03075079912331379888	34
link	GOFTON W, 2006, CLIN ORTHOP RELAT R, P20, DOI 10.1097/01.BLO.0000224024.96034.B2	34
link	HOJAT M, 2009, ACAD MED, V84, P1182, DOI 10.1097/ACM.0B013E3181B17E55	34
link	NEUMANN M, 2011, ACAD MED, V86, P996, DOI 10.1097/ACM.0B013E318221E615	34
link	HAIDET P, 2005, ACAD MED, V80, P44, DOI 10.1097/00001888-200501000-00012	33
link	MARTIMIANAKIS MA, 2015, ACAD MED, V90, PS5, DOI 10.1097/ACM.0000000000000894	32
link	NEWTON BW, 2008, ACAD MED, V83, P244, DOI 10.1097/ACM.0B013E3181637837	32
link	COULEHAN J, 2001, ACAD MED, V76, P598, DOI 10.1097/00001888-200106000-00008	30

（5）隐性课程的主题系统分析

聚类分析法是一种有效的数据挖掘算法，旨在搜寻知识节点间相同或相似的属性，并根据相似度对知识节点进行划分。同类别的知识节点具有较高的关联性，不同类别的知识节点具有明显的差异性，对聚类结果进行分析能有效揭示主题关键词知识结构的整体框架。在此基础上，借助 R 语言生成高频关键词聚类树状图[1]，对高频关键词加以聚类，应用的方法是平均联动，挖掘其属性特征，运用 R 语言中的 cutree（ ）函数把树状图分为五类，以期揭示隐性课程关键词知识结构的整体框架（见图 1-4）。依据聚类情况，通过专家讨论，将其主要分为以下五个主题聚类：

第一，Gender 聚类。性别聚类主要指与性别偏见和性别歧视相关的隐性课程研究。在社会文化层面，学者 Lee, JFK 调查研究表明，日本教科书系列中，男性至上的刻板印象在教科书中仍然普遍存在，审查的标准包括男女比例、性别标记和中性词汇的使用、女性的称呼、提及顺序以及与男性和女性相关的共同属性和活动类型。[2] 学者 Osieja, H. Chova 等人提出，在瑞典和许多其他西方国家，课程中充斥着伪装成“科学”的意识形态内容，隐藏课程背后最常见的两种意识形态是社会建构主义和性别意识形态。[3] 学者 Villanueva, I. Di Stefano 等人认为工程教育中的隐藏课程是指工程中不成文的、非官方的且通常是非故意的假设、教训、价值观、信念、态度和观点，这些隐性价值观大大阻碍了教育目标的实现。[4] 在社会心理层面，性别是社会赋予不同性别所应具备的一整套的心理行为模式，要学会正确看待自身与环境的适应情况；在社会文化层面，性别角色具有社会化特征，其发展与社会文化结构有密切的关联；在伦理维度，不应将主体男性化，而取消女性作为主体的可能空间，不能片面夸大，形成一种颠倒的性别

---

❶ Heidi Lempp, Clive Seale.The Hidden Curriculum in Undergraduate Medical Education: Qualitative Study of Medical Students’ Perceptions of Teaching[J]. BMJ, 2004,329（15）:7469.

❷ Lee J F K. A Hidden Curriculum in Japanese EFL Textbooks: Gender Representation[J]. European Journal of Anatomy, 2014（9）:39-53.

❸ Osieja H, Chova L G, Martinez A L, et al. Education as a Political Instrument: the Imposition of Gneder Ideology in the Open and Hidden Curriculam[J]. Education, Research and Innovation, 2018（11）:12-14.

❹ Villanueva I, Di Stefano M, Gelles L, et al. Development and Assessment of a Vignette Survey Instrument to Identify Responses due to Hidden Curriculum among Engineering Students and Faculty[J].International Journal of Engineering Education,2020（36）:1549-1569.

歧视，应通过重置伦理学的主体、拓宽议题、革新模式来形成不失偏颇的立场观念。学者 Khan, AZ. Khan 等人在一项关于确定医学院五年培训期间发展的非学术属性的问卷调查中发现，大多数（80%）医学生在求学过程中学会了正直、自力更生、宽容和独立的品质；65% 的学生认为，人道、忍让、正直的价值观以及对同龄人和患者的同情行为有助于他们成为更好的医学生；35% 的学生表示，他们面临性别偏见和性别歧视的负面影响，导致他们的职业发展受到影响；80% 的学生认为所采用以教师为中心的教学方法，不利于他们成为问题解决者、团队合作者、反思性学习者，并阻碍有效沟通技巧的发展，医学教育在课程教学中都非常重视培养医学生的诚信、自力更生、宽容、独立、富有同情心的态度和良好的沟通技巧等品质。❶

第二，Medical education 聚类。医学教育聚类的核心词有 :students, culture 等，主要指与医学生发展及医学文化影响相关的隐性课程研究。在此聚类中，学者关注到学生价值观念和人文素养等社会性品质的培养。学者 Morrison, A. Roman 等人采用向卫生专业人员发放问卷的方式，试图揭示医学教育中的“隐性课程”，即在正式教学之外，价值观从教师向学生传播，最终得出医学院需要首先了解医学生的态度，制定课程，以克服负面价值信念的结论。❷学者 Torralba, KD. Jose 等人调查发现在医学教育领域，学习者都处于认知学习阶段，他们从教师那里学习技能和知识，这是正式课程的一部分，同时，隐性课程也是学习环境的一部分，它以教师所表现出的规范、价值观和行为的形式存在，这些规范、价值观和行为成为临床学习环境文化的一部分。教师引导学生约束个人行为和规范职业态度，并在实践中将现实问题呈现给学生，使学生产生身临其境的社会参与感，帮助学生成为有技能又不失温暖的人。❸学者 Sarikhani, Y. Shojaei

❶ Khan, AZ. Khan, Aamer Zaman. Non-Academic Attributes of Hidden Curriculum in Medical Schools[J]. Jcpsp-Journal of the College of Physicians and Surgeons Pakistan, 2013（23）:5-9.

❷ Morrison, A. Roman, B. Borges, N. Psychiatry and Emergency Medicine: Medical Student and Physician Attitudes Toward Homeless Persons[J]. Academic Psychiatry, 2012（36）:211-215.

❸ Torralba, KD. Jose, D.Byrne, J. Psychological Safety, the Hidden Curriculum, and Ambiguity in Medicine[J]. Clinical Rheumatology, 2020（39）:667-671.

等对医学领域隐性课程的主要成分进行定性分析，确定了 HCME 的 10 个关键成分，并将其分为结构因素、教育因素、文化因素和社会因素四大类，随后利用解释结构模型（ISM）研究了这些成分之间的相互关系，从而得出角色塑造行为和人际关系（社会因素）受到潜在的组织和教育因素影响的结论，并提出这一影响应在教育管理的各个阶段考虑，包括计划过程、实施过程和正式课程的开发过程。[1] 隐性课程是非预期课程，虽然护理教育者没有完全意识到这一点，但通过隐藏的课程，学生为成人职业角色做好准备，内化职业价值和发展职业身份。然而，专科护理教育对其重视程度相对较低，学者 Raso, A. Marechetti 等人在梳理关于隐性课程的护理教育文献中发现，护理教育中的隐性课程仍然是一个被忽视的话题。[2] 学者 Lipsitt, DR 认为，学生的个人发展和专业化是通过医学院的“文化”和“隐藏课程”实现的，提出基于生命周期理论的教学框架，在医患关系中培养自我反思和情感欣赏能力，在医学课程促进自我意识。[3]

第三，Skill 聚类。技能聚类的核心词有：curriculum, impact, knowledge, model 等，主要指与技能、能力程度、情感体验、人际表达等相关的隐性课程研究。在此聚类中，学者大多关注隐性课程对学生进行非智力因素和素质的教育，使学生提升自身适应社会的需要。学者 Doja, A. Bould 等人通过对三级护理儿科 CTU 进行观察，收集详细的实地资料，并归纳、分析、描述、确定隐性课程的主题，发现兴趣是学生参与水平的决定因素。[4] 学者 Balmer, DF.Quiah 等人研究调查了住院医师感知学习的相对比例，包括外显、内隐（通常称为隐性或非正式）和 6 个临床学习环境，住院医师认为学习最常发生在隐性课程中，在隐性课

---

[1] Sarikhani, Y. Shojaei, P. Rafiee, M. Delavari, S. Analyzing the Interaction of Main Components of Hidden Curriculum in Medical Education Using Interpretive Structural Modeling Method[J]. BMC Medical Education, 2020（20）: 176.

[2] Raso, A. Marchetti, A. D’Angelo, D. Albanesi, B. Garrino, L. Dimonte, V. Piredda, M. De Marinis, MG. The Hidden Curriculum in Nursing Education: a Scoping Study[J]. Medical Education, 2019（53）:989-1002.

[3] Lipsitt, DR. Developmental Life of the Medical Student:Curriculum Considerations[J]. Academic Psychiatry, 2015（39）:63-69.

[4] Doja, A. Bould, MD. Clarkin, C. Zucker, M. Writer, H. Observations of the Hidden Curriculum on a Paediatrics Tertiary Care Clinical Teaching Unit [J]. Paediatrics & Child Health, 2018（23）:435-440.

程中，角色示范和实践学习是常见的学习模式。[1]隐性课程是促进学生身心健康的重要保障，使其具有健康的心理素质，与此同时，Farny, S. Frederikson 等学者反思企业家精神和创新创业精神在电子商务课程中普遍存在的隐性课程的无可争议的价值观和信念。[2]学者 Galam 等强调了隐性课程的重要性，医学文化是隐性的和约束性的，从教育一开始医学文化就在传播和构建，对学生个性和专业核心能力具有重要的影响作用。[3]

第四，Professionalism 聚类。主要指与专业素养交流，以及同理心相关的隐性课程研究。专业精神聚类的核心词有：communication, empathy 等。学者多关注医学领域，且注重精神层面的研究，指出要提升医学生和执业医师的专业能力，专业精神和专业观念，并提出隐性课程对医学生的专业发展具有重大影响。学者 Kittmer, T 等人采用主题分析法，对某大学引入的一个关键事件报告 (CIRs）的小组讨论模型结果进行分析，发现报告主题有助于学生专业素养的培育。[4]学者 Poola, VP. Suh 等对学生在 2010 ～ 2016 年担任外科见习医师期间所写的 411 份论文成绩进行整理，分析了医学生对外科医师专业精神的反思，发现在外科见习环境中所观察到的行为和在学校学习的专业知识结构具有细微的差别，这些差异可以被用来有意识地发展外科专业的隐性课程建设。[5]学者 Holmes, CL. Harris 等根据以往的文献，提出了一套特定的反思能力，供医学生从课堂课程过渡到临

[1] Balmer, DF. Quiah, S. DiPace, J. Paik, S. Ward, MA.Richards, BF.Learning Across the Explicit, Implicit, and Extra-Curricula: An Exploratory Study of the Relative Proportions of Residents' Perceived Learning in Clinical Areas at Three Pediatric Residency Programs[J]. Academic Medicine, 2015（90）:1547-1552.

[2] Farny, S. Frederiksen, SH. Hannibal, M. Jones, SA. Culture of Entre-preneurship Education[J]. Entre-preneurship and Regional Development, 2016（28）:514-535.

[3] Galam, E. Becoming doctor: Highlight the Hidden Curriculum. Medical Error as an Example[J]. Presse Medicale, 2014（43）:358-362.

[4] Kittmer, T. Hoogenes, J. Pemberton, J. Cameron, BH.Exploring the Hidden Curriculum: a Qualitative Analysis of Clerks' Reflections on Professionalism in Surgical clerkship[J]. American Jornal of Surgery, 2013（205）:426-433.

[5] Poola, VP. Suh, B. Parr, T. Boehler, M. Han, H. Mellinger, J. Medical Students' Reflections on Surgical Educators' Professionalism: Contextual Nuances in the Hidden Curriculum[J]. American Journal of Surgery, 2021（221）:270-276.

床实践，主要有四个步骤，启动：学生临床环境中的隐性课程顺应外部压力的动机；注意：教育学生意识到自己的动机和行为，在他们可能认为不专业的情况下积极实践；加工：指导学生在协作反思性练习中分析自己的经验；支持：加强他们发展最佳职业身份的愿望。[1] 学者 Bell, SK. Wideroff 等认为，学生叙事在医学教育中的运用有助于学习者更好地理解隐藏课程的内容，让教育者运用这个强大的工具，积极邀请学习者的参与，以收集额外的观点，参与使用这种形式的协作解决方案构建的任务可以帮助改善学习环境。[2] 学者 Bandini, J. Mitchell 等探讨了医学生在接受危重患者护理训练时，对心理、道德及精神挑战之认知，学生和教师反思了学生在训练期间同理心和同情心的发展变化，强调了反思在隐性课程建设中的作用。[3]

第五，Reform 聚类。改革聚类的核心词有：perceptions, behavior, care, medical students, ethics, attitudes, experiences 等。学者多聚焦于高等教育的教学改革领域，以教师层面和管理者层面为主要研究对象，同时注重方法层面和内容层面的改革创新。Doja, A. Bould 等人探讨了隐性课程应当关注各个学历层次，通过本科生、研究生以及教师举行焦点小组讨论，进行主题分析，有助于进一步发展在隐性课程中解决学习问题的方法。[4] 学者 Lu,YF 调查了开展“课堂隐性德育”的效果，发现该教育方式可以最大限度地拓展德育内容，有助于促进学生全

---

[1] Holmes, CL. Harris, IB. Schwartz, AJ. Regehr, G. Harnessing the Hidden Curriculum: a Four-step Approach to Developing and Reinforcing Reflective Competencies in Medical Clinical Clerkship[J]. Advances in Health Sciences Education, 2015（20）:1355-1370.

[2] Bell, SK. Wideroff, M. Gaufberg, L. Student Voices in Readers’ Theater: Exploring Communication in the Hidden Curriculum[J]. Patient Education and Counseling, 2010（80）:354-357.

[3] Bandini, J. Mitchell, C. Epstein-Peterson, ZD. Amobi, A. Cahill, J. Peteet, J. Balboni, T. Balboni, MJ. Student and Faculty Reflections of the Hidden Curriculum: How Does the Hidden Curriculum Shape Students’ Medical Training and Professionalization? [J]. American Journal of Hospice & Palliative Medicine, 2017（34）:57-63.

[4] Doja, A. Bould, MD. Clarkin, C. The Hidden and Informal Curriculum Across the Continuum of Training: A Cross-sectional Qualitative Study[J]. Medical Teacher,2016（38）:410-418.

面发展。[1]Roder, CA. May 等学者将专业态度与隐性课程相联系，通过对兽医学的学生进行多次临床观察和半结构化访谈，采用归纳和演绎的方法，对所得数据进行主题分析，发现临床服务评价过程起到了传达隐性课程信息的作用，并且改变了学生的职业态度。[2]Nevilie, P. Zahra 等对牙科专业的学生进行了六个焦点小组的调查，进行了主题分析，揭示了学生对于学校生活的态度，研究发现，学生们未能认识到与口腔健康和牙科实践相关的社会心理知识。[3] 如图 1-4 所示。

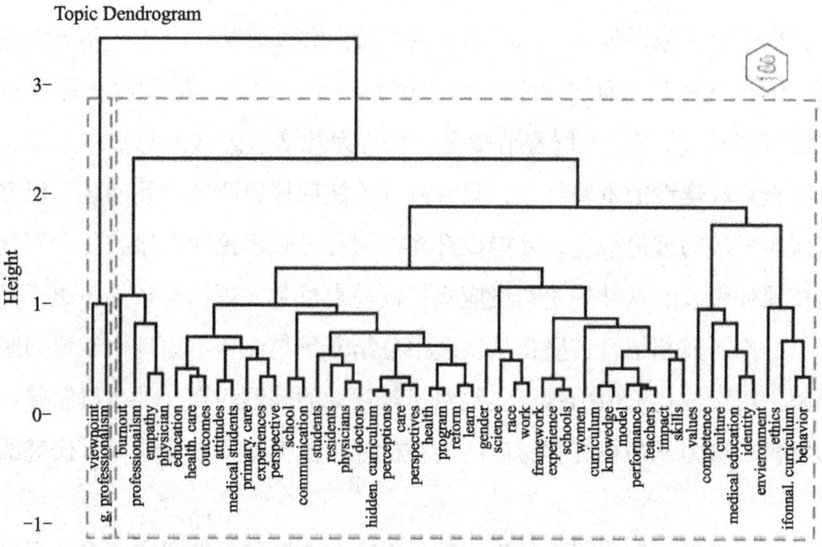

图1-4 隐性课程研究的平均联动聚类

1.2.3 研究述评

笔者运用文献计量学方法，借助 CiteSpace 和 R 语言等多种文献计量工具，

---

[1] Lu, YF. The Hidden Moral Education in Teaching of Automobile Application Engineering[C]. Proceedings of The 2016 International Conference on Education, E-learning and Management Technology, 2016（44）:582-585.

[2] Roder, CA. May, SA. The Hidden Curriculum of Veterinary Education:Mediators and Moderators of Its Effects [J]. Journal of Veterinary Medical Education, 2017（44）:542-551.

[3] Nevilie, P. Zahra, J. Pilch, K. Jayawardena, D. Waylen, A. The Behavioural and Social Sciences as Hidden Curriculum in UK Dental Education: A Qualitative Study[J]. European Journal of Eental Education, 2019（23）:461-470.

对国内关于课程思政的研究和国外关于隐性课程的研究文献进行了可视化实证分析，通过梳理并认真研读其中的重要文献，总结国内外课程育人的研究现状，从国内和国外有关课程思政相关的研究成果来看，结合高校课程思政机制建设的实证研究较少，数据支撑不足，本质规律探索还不够深入，系统研究尚不充分，这些问题也为我们下一步研究指明了方向。

第一，关于反映高校课程思政建设规律的机制构建研究不足。现有的研究成果关于课程思政教育教学实践层面的经验类阐述较多，而关于学理层面的研究相对较少。尽管近年来课程思政的学术成果数量呈井喷之势，其中，不乏大量的理论剖析，但机制建设方面的研究仍然有很大不足。因此，继续深化课程思政的“元问题”研究，从理论上回答清楚是什么、为什么、怎么办等根本问题，是当前高校课程思政建设的重要任务，只有持续关注课程思政的“元问题”研究，不断夯实课程思政的理论根基，才能提升高校课程思政理论回应错综复杂问题的能力。高校课程思政的基础理论建设应坚持以马克思主义理论为指导思想，坚持整体设计与局部研究相结合、坚持从实践中总结升华与在基本原理中阐释问题相结合的原则，继续深化价值引领、实践路径等领域的问题研究，补足机制建设研究领域的短板，着力从高校课程思政的内在机理出发把握其建设规律是研究的重要走向。

第二，对于高校课程思政的思想政治教育学向度的系统研究不多。尽管目前学者们围绕高校课程思政建设，从不同学科、不同方法、不同视角等多个维度对课程思政建设进行了科学探讨，还有的围绕思想政治教育的主体要素进行了深入研究，但是，由于高校课程思政建设是一项复杂的系统工程，是高校思想政治教育的创新工作理念，受多种因素共同影响，但是现有的研究从思想政治教育学向度对课程思政建设进行系统深入研究的文献不多，就不能在细节和实质上清晰呈现贯穿高校课程思政实践始终的各要素间的相互作用及其功能逻辑，也不能整体上把握高校课程思政的全面建设。

第三，对于课程思政的实证分析相对较少。高校课程思政的研究方法不够丰富，除了定性研究外，还应当运用实证分析方法，依托数据科学，借鉴多学科成果，提升课程思政理论研究水平，为实践推进提供理论支撑。

综上所述，基于前人研究成果，结合当前部分领域和方向的研究不足，本研究将着力从以下三个维度深化对高校课程思政的规律性探究。

第一，研究视角维度，以高校课程思政机制建设为视角。从课程思政研究的文献分析中我们发现，协同育人和教师是课程思政一直以来的研究重点，而机制建设、评价体系、融入的有机性、课程思政发展的可持续性是课程思政当前研究的难点，也是下一步研究的重点。课程思政建设是一项复杂的系统工程，它由多种因素构成并发挥作用，只有从机制建设的视角才能对课程思政系统的运行规律进行全面深入的剖析，而协同性、教学主体、融合的有机性、评价体系和可持续性分别对应着课程思政建设的协同机制、施教机制和保障机制，因此，本研究拟重点围绕课程思政的协同、施教和保障三大主要机制开展系统的理论和实证分析。

第二，研究方法维度，综合使用多学科交叉的理论分析方法。相对于我国课程思政研究方法较为单一的问题，国外隐性课程研究方法的多样性值得我们借鉴。例如，岗位调研，半结构化访谈法、焦点小组调查法、定性分析法和实证量化分析法等。因此，本研究拟尝试坚持定性研究与定量研究相结合，综合运用多学科的理论分析工具和研究方法对课程思政建设展开深入探讨。

第三，研究思路维度，运用思想政治教育学理论深入开展分析。当前关于高校课程思政的研究有关于主体教师和载体课程研究的居多，而对于客体大学生和环体课堂研究的较少，本研究拟基于思想政治教育学的主体、客体、环体和载体分别系统搭建三大机制的分析框架，结合教育学、心理学、社会学和计算科学等理论成果剖析课程思政建设的内在规律。

1.3 研究的主要内容、方法及创新点

1.3.1 研究的主要内容

本研究以新时代高校课程思政的机制建设为研究内容，以马克思主义理论为研究基础，以习近平新时代中国特色社会主义思想为指导原则，从协同、施教和保障三大机制出发探索课程思政建设的内在机理及运行规律。首先，梳理当前国内外关于课程思政研究的现状；其次，明确课程思政三大机制的相关概念和功能；再次，从思想政治教育的主体、载体和环体等维度分别对协同机制、施教机制和保障机制的科学构建进行深入探讨；最后，围绕课程思政三大机制的相互作

用和耦合优化进行深入分析。

1.3.2 研究的主要方法

本研究在思想政治教育学方法论的基础上，结合研究内容的需要，综合运用了计算科学、系统科学和社会学等多门学科的研究方法。

系统研究法。运用系统科学的方法整体把握课程思政的科学建构，分析课程思政内部各要素之间、系统与要素之间、外部环境与系统之间的对立统一关系，通过小系统的良性运行，最终实现课程思政大系统运行的健康生态。

文献研究法。为保证研究内容的科学性，笔者积极搜集、鉴别、整理大量关于课程思政研究的相关文献，依托 CiteSpace 和 R 语言等多种文献计量工具，对国内和国外相关研究数据进行量化实证分析，在精读大量重要文献的基础上，对文献的研究形成科学认识。

组态比较法。定性比较分析（QCA）既是一种研究方法，也是一套分析工具，在方法上它兼顾了“组态比较”和“集合论”，它将社会现象看作属性的复杂组合，并依照集合关系将它们概念化，是一种对不同案例进行系统比较的方法，力求整合定性与定量两种分析方法的长处。[1]本研究在教师课程思政能力提升的路径优化研究方面，结合访谈及问卷的相关数据，运用 QCA 技术分析法，结合各种影响因素对其路径优化开展了组态比较分析。

多案例研究法。为了准确探索高校课程思政建设的规律性，本研究梳理了大量课程思政的教学案例材料，基于扎根理论，通过三级编码，挖掘课程思政教学案例中的重要因素，探索其关系结构，构建因果理论模型，从而优化课程思政教学体系的开发路径。

1.3.3 创新点

本研究在视角方面有所创新。本研究立足于新时代，从机制建设的视角出发，针对新发展阶段高校课程思政建设面临的现实问题，剖析影响高校课程思政实效性发挥的因素及瓶颈，探索全面推进课程思政建设的内在机理及机制构建。

本研究在内容方面有所创新。本研究基于文献分析提出，协同机制、施教机

---

[1] 伯努瓦·里豪克斯，查尔斯·C. 拉金 .QCA 设计原理与应用 [M]. 杜运周，李永发，译 . 北京：机械工业出版社 ,2019:5.

制和保障机制是课程思政机制建设中最重要的三大机制，三大机制在课程思政系统运行中分别承担着聚力、化力和助力的功能，三大机制在相互作用和耦合优化中，推动高校课程思政的高质量可持续发展。

本研究在方法的运用方面有所创新。本研究坚持定性分析与定量研究相结合，综合运用多种研究方法与分析工具，在文献综述分析过程中借鉴计算科学领域的 CiteSpace 和 R 语言等文献计量分析工具对国内外课程思政的研究文献进行了可视化实证分析，在对课程思政教师能力提升的主要影响因素研究方面运用了 QCA 质性研究方法，在对课程思政教学开发设计研究中结合扎根理论运用了多案例内容分析法。

第二章　高校课程思政机制建设的理论建构

课程思政是新时代我国思想政治教育建设提出的创新教育理念，高校课程思政机制的生成涉及多方因素之间的相互作用，是一项复杂的动态系统工程。本章从基本概念的澄清着手，厘清高校课程思政机制生成的相关概念，主要构成及其在整个系统中所承担的功能。

2.1　高校课程思政的内涵、背景及意义

课程思政强调发挥所有课程的思想政治教育功能，积极构建“三全育人”格局，研究其机制生成，厘清课程思政的概念、提出背景，把握其建设的重大意义是本研究的起点。

2.1.1　内涵释义

（1）课程思政的概念

“课程”即课业的进程，我国唐宋年间的孔颖达与朱熹在其著述中都提到了“课程”一词，与西方的斯宾塞提出课程是教学内容的系统组织的概念要早很多，无论是中国传统的课程概念还是现代西方对课程的定义，课业的进程均为课程的本质内涵。[1]工业革命是 20 世纪世界的主导力量，工业化的现代观相信通过工业化将产生一个新社会，它界定着我们的价值观，包括我们看待教育和学校的方式，在这种价值观影响下，圣西门认为工业主义社会的有效生产，需要艺术、科学和工业界具有技术专长而非政治关系的新型人才；泰罗在此基础上提出达成高效率目标的管理需要发展关于工作要素的科学、技术理性模式的科学、依据原则进行员工培训和工作的分工，等等；与此同时，学者们也从更多维的视角提出了

[1] 章小谦，杜成宪．中国课程概念从传统到近代的演变 [J]. 华东师范大学学报（教育科学版），2005（4）:65–74.

对教育的思考，学者赖斯从改善管理系统而非教师成长与能力的角度界定教育改革，学校采取装配线模式，这不利于发展学生的探究性思想；舍恩提出的反思性实践模式注重问题的发现或问题的界定，认为这比问题的解决更为重要。[1]这些有关后现代主义课程观的论述对我们理解信息化时代的课程体系的重构具有重要价值，从广义上理解课程的本质，即为一种对主体能产生积极影响的教育性经验；就狭义而言，课程指的是在学校这个特定的场域中，有利于学习主体健康发展的所有教育性因素，包括教育目标、内容和教学活动的设计活等，是教学计划、教学大纲的实施过程。

“思政”也就是思想政治教育，包括思想、政治和道德的教育，是教育者按照一定社会阶级发展的需求，对受教育者所开展的有组织、有计划且目的明确的一系列影响活动，把社会的道德需求转化为受教育者的思想政治意识。“大思政”理念的提出，丰富了思政的内涵，习近平总书记指出，要善用“大思政”，要和现实紧密结合在一起，上思政课不能拿着文件宣读，没有生命、干巴巴的。[2]也就是说，思想政治教育要与受教育个体的日常生活联系起来，“大思政”为课程思政的全面推进提供了理论指导。

“课程思政”是我国思想政治教育工作的重大理论创新，课程思政以立德树人为根本任务，充分发挥各类课程的思想政治教育功能，实现显性与隐性相结合的全员、全程、全课程协同育人格局。课程思政不是指特定的一门课，不是课程加思政，也不仅是一种理念，我们可以把它理解成一种课程观、一种方法论、一种工作方式，是课程建设的逻辑起点，更是人才培养的价值旨归。课程思政的内容主要由三部分构成：其一，政治要素。挖掘课程的政治要素是课程思政建设的首要内容，具有重大的战略意义，加强社会主义核心价值观对大学生的思想引领，培养学生树立科学的世界观和人生价值观，为党育人，为国育才，是社会主义大学在新时代的育人使命。其二，道德要素。道德要素是课程思政的重要内容，国无德不兴，人无德不立，所以，在教师的言传身教中，在职业生涯的发展历程中，在教学活动的点滴中，挖掘道德元素，育人先

---

[1] 小威廉·E. 多尔 . 后现代课程观 [M]. 王红宇，译 . 北京：教育科学出版社 ,2015:39-47.

[2] 习近平 . “大思政课”我们要善用之 [N]. 人民日报 ,2021-03-07.

育德。其三，人文要素。课程思政的人文精神要素是指重视课程教学的人文精神，如人类价值关怀，挖掘课程教学中的人文要素，使学科知识更加丰富，技能培养愈加务实，教育过程增添情趣，每一门具体的学科课程都蕴含着大量的人文精神要素有待挖掘。

（2）课程思政的特征

课程思政是新时代高校思想政治教育工作的创新理念，强调发挥学科课程载体的思想政治教育功能，区别于显性的思想政治教育形式，具有自身典型的特征。

第一，隐蔽性。与传统课程不同，课程思政的教育形式具有隐蔽性，它不是一门特定的、具体的、有形的课程，而是将思政知识贯穿于整个日常学习生活中，有“润物无声”的特点。此外，课程思政教育成果也具有隐蔽性，课程思政教育内容集中于思想层面，旨在培养学生正确的人生观、世界观，教育内容决定了课程思政的教育成果是相对隐蔽的，并非像传统课程那样，可以通过考试的形式来检验学生对课程内容的把握程度，课程思政的教育成效是长期的，体现在学生日后的发展中，这一特性决定了课程思政建设是一个长期的过程。课程思政中教育方式上的润物无声与教育方法上的如盐入水均是其存在渗透性的体现。对学生进行灵活的思想政治教育，使学生在接受知识的同时，又自然而然地受到精神的洗礼，实现价值引领也需要用恰当的方式，优秀的课程思政工作就好比是盐，而各门课程就好比是水，不能只吃盐，最好的方式是将盐融入其中，自然吸收，这个融入过程就类似于课程思政的教育过程，课程的显性知识与思政的隐性价值水乳交融。这就要求教育者具有教育智慧，给予学生启迪，真正做到化于无形，融于细微。

第二，生成性。生成性强调一种自然生长的状态，课程思政的生成性不但体现在以人为本的教学观念、互动性的教学方法等方面，还体现在学生对知识的能动性建构方面，激活旧知，与周围环境发生相互作用，学生不再是外部刺激的被动接受者，而是积极参与其中，不断为课程建设发挥主体能动性。此外，教学内容也是一种生成性资源，它是变化的，因教育对象与教育主体的不同而不同，教育资源贴近学生生活，提高教师与学生的交互作用，满足学生的思想和情感需求。不同的教师对于课程思政的实践会产生不同的教学行为，理解不同、课程不同、学生不同，都会创造出不一样的教学实践过程。教学活动不但是一门科学，还充满了艺术性，正所谓教学有法，而教无定法，教学具有生成性、创造性和不可重复性，课程思政的教学理念首先要通过师资培训或自学的方式将理论样态的知识转化为个体知识，并内化为教学框架，在实践中生成教学智慧，创造性地践行教学理念，所以导致课程思政教学的差异性，彰显自身的独特性。

第三，动态性。课程思政的教学理念具有一定的动态发展性主要表现在三个方面：其一，受教育者的成长需求不断变化。不同时代的学生成长环境不同具有差异化的思想需求，应以“90后”“00后”的学生所面临的问题为导向开展针对性地课程思政内容重构，以提升育人效果。其二，知识选择的不断迭代。课程思政以学科为基础，而学科的设置是为社会服务的，随着人们的利益诉求而不断变化，不断深化，加上信息化时代科学发展的突飞猛进，知识体系的持续优化和更新以成常态。其三，教育者自身的持续蜕变。教师通过学习不断提升自己的教学素养，扩宽视野，提高能力水平，为了适应教学的课程改革，教师个体认真研究学科的育人点，深入了解学生的思想，通过关注学生业余生活，体验知乎、抖音等学生经常用的App，搜集热点话题，及时为学生提供他们急需的养料，让他们在感到解渴的同时增强对社会的责任感，不断提升课程思政教学的针对性。

第四，协同性。协同性是课程思政的本质特征，高校思政课程与公共基础课程、专业课程、实践类课程等各自守好一段渠，种好责任田，同向同行，协同育人。课程思政建设不但包括内在的协同，即如何实现课程与思政之间的同频共振，还包括外在的协同，即各类不同课程之间、不同主体之间的协同育人，不同学科的教师加强协同，发挥显性思政与隐性思政立德树人的协同功能[1]。

第五，系统性。课程思政建设过程中的影响因素有很多，而且各因素相互作用构成了一个层次分明的整体，彼此之间有密不可分的逻辑关联。教师、学生、课程、制度政策等，教师和学生构成了课程思政的主体，课程是课程思政得以传播的载体，是教师与学生交流的主渠道，制度政策则是课程思政实施的重要保障。系统中不同要素之间在不断相互作用的影响下形成了共时态的稳定的空间结

[1] 董慧，杜君．课程思政推进的难点及其解决对策 [J]. 思想理论教育，2021（5）：70-74.

构和时间结构。

（3）课程思政理念的辨析

关于课程思政的本质内涵一直以来都存在认识误区。在实践推进过程中存在大量对课程思政理念认识的误解，主要表现在两个方面：一方面，课程思政就是指“课程”与“思政”的加法组合，这种认识是不对的，在这种理念的指导下，在专业课课堂授课过程中会突然出现关联度较低的思政知识点，更有甚者，由于思政内容嵌入太多，课程思政几乎把专业课上成了思政课，不但育人效果不佳，还影响专业知识的教学效果，课程思政建设不是做加法是发生化合作用，通过提高教师的站位，从更广阔的国际视野，国家战略出发，从学生的时代需要出发重构课程内容，既在润物细无声中实现了育人目标，又实现了课程的高质量建设；另一方面，课程思政需要增加学时并影响专业课程的学习效果，这种认识也是不对的，课程思政是从课程知识体系自身挖掘育人的资源要素，优化教学内容，少一些低阶的知识传递，增添启发式探讨，课程案例结合大国成就不但树立学生的“四个自信”，激发学生家国情怀和民族情感，还能增强学生学习的动力，既不需要增加学时，还能提升学生学习的积极性，促进专业课程的学习效果。

要理解课程思政的概念，首先要区分几组关系。应注意课程思政与思政课程、课程德育之间的区别与联系，思政课程是显性的思想政治理论的系统化教育，课程德育的内涵要求与课程思政都存在一定的差异性。

第一，课程思政与思政课程之间的关系。课程思政不是一门也不是一系列的具体课程，而是一种课程观、一种方法论；思政课程是思想政治理论课的简称，其具体包括四门课程，即《思想道德与法治》《中国近现代史纲要》《马克思主义基本原理概论》《毛泽东思想和中国特色社会主义理论体系概论》。课程思政是思想政治教育在思想政治理论课以外的课程领域的拓展与延伸，把思想政治理论课作为纽带，衔接其他学科专业课程与思想政治教育的有机融合；思想政治理论课在课程思政建设过程中发挥着方向引领的作用，是课程思政瓶颈突破的重要辅助力量。二者只有在同向同行的协同发展过程中，才能有效完善当前的高校教育教学机制，提升高校思想政治教育的有效性，从教育内容和教育模式等方面构建思想政治教育发展新生态。就教育资源整合而言，思政教育在课程思政帮助下，有更多资源可用于育人，思想政治教育教学领域有了更大范围的拓展，实现扁平化发展，能有效解决教学资源在应用过程中的不平衡以及教学强度不够的问题。

第二，课程思政与课程德育之间的关系。课程思政与课程德育之间有所联系却又不尽相同。两者分别将思想政治教育、道德教育融入常规课程甚至隐性课程中，旨在通过日常的课程达到对学生进行思想政治教育与道德教育的目的。课程思政与课程德育的区别在于教育内容与价值不同。在教育内容方面，课程思政的教育内容具有较强的时效性与变化性，除了坚定不移地将马克思主义理论体系作为核心，课程思政还会根据党和国家政策方针的变化不断调整教学内容和重点。课程德育的教学内容则相对稳定，虽然课程德育的具体教学内容要与时事相结合，但是社会整体的道德标准是相对稳定的，所以，课程德育的教学内容基本不会发生较大变化。在教育价值方面，课程思政的教育价值更加社会化，它的教育目的是让学生能够树立正确的价值观，更好地增强凝聚力，鼓励青年人将自己的青春融入祖国的社会主义政治经济文化建设中，强调政治性的首要作用。课程德育的教育目的侧重于学生个体道德的养成维度，旨在培养学生的道德意识，增强学生的人格素养，突出品德教育。课程思政的内涵更广泛，思维境界更高，虽然课程思政与课程德育有所区别，但是它们都是针对学生的思想层面开展的教育，所以它们在理论基础、教育目的、教育途径等方面有相似之处。课程思政与课程德育的概念外延有许多交叉点，二者都坚持以马克思主义理论为指导思想，衍生了思想教育、政治教育、道德教育、法制教育等领域。此外，课程思政与课程德育二者都是以“树人”为教育的根本目的，都旨在培养学生正确的思想观念，为学生未来健康发展保驾护航。二者都是将思政教育与道德教育的思想融入日常课程课程中，潜移默化地对学生的上层建筑进行影响和教育，辨析好课程思政与课程德育二者的关系，对课程思政的开展有重要意义。

2.1.2 时代背景

新时代高校思想政治教育面临复杂的国际环境和迅速变化的国内形势，数字化思维颠覆着新生代学生们的认知和习惯，这些变化给思想政治教育和课程建设带来挑战的同时，也带来了新的发展机遇。课程思政充分发挥课堂主阵地的育人作用，加强价值引领，是教育强国建设，也是学生全面发展的时代之需。

第一，新时代高校立德树人的需要。育人育才是国家、民族万古亘青的话题，是教育的根本大事。德是人的精神核心，中国历来有重德的优良传统，育人只有以德为先、以德为重，才能让学生担当为国奉献、为民造福的重任。德是一个历史范畴，每个时代都有不同的内涵与重点，面对伟大的新时代与世界百年未有之大变局，面对前所未有的新问题、新挑战，要使立德树人的根本任务有效地落到实处，高校课程思政建设本身就是充满创新性的重要举措。

第二，思想政治教育效果提升的需要。长期以来，思想政治理论课在思想政治教育过程中处于尴尬的“孤岛”局面，在一定时期发挥了积极的育人作用，但是，随着时代的发展，信息呈爆炸式增长，各种思潮涌现，舆情传播途径多元，传统的思想政治理论课体系已经远远不能满足学生思想成长的需要，为满足社会对思想政治教育的更高要求，“三全育人”、大思政理念应运而生，为课程思政的产生奠定了理论基础。课程作为知识的载体在育人功能方面具有先知的优势，高校大约 80% 的课程都是专业课程，约 80% 的教师都是专业课教师，约 80% 的时间学生用在专业课程学习方面，因此，专业课程是课程思政建设的重要依托，打通思想政治理论课与专业课程之间育人桥梁，是高校育人的有力法宝，能有效促进高校思想政治教育的育人效果。

第三，课程高质量建设的需要。新时代，在高等教育开展的关于一流课程、一流学科、金课建设、慕课等改革背景下，课程建设是最基础、最关键的环节，培养学生适应未来社会和人类发展的各项技能、素养固然重要，而价值引领作为教育的内核应当进行凸显并且作为评价考核重要的指标，教育首先是对人的培养，越是高端人才越不能忽视对人才的思想政治教育，在课程教育教学过程中加强对学生的社会责任、理想信仰和全球意识的引导，增强对学生的人文关怀与个体关注，能有效激发学生的学习热情，提高学习质量。

第四，学生全面发展的需要。马克思曾经指出，人作为一个总体占有自己全面的本质。新时代随着社会基本矛盾调整为人们对美好生活的需要，人们对教育的需求从接受教育到追求接受更好的教育，[1] 当代大学生努力追求实现个人自由

---

[1] 翁铁慧 . 大中小学课程思政一体化建设 : 整体构架与实践路径研究 [M]. 北京：人民出版社 ,2020:20.

而全面的发展，他们除了关注自我的内心需要，更有对自我价值最大实现的强烈渴求，这就要求教育必须坚持走内涵式发展道路，实现更高质量、更高层次的发展。围绕立德树人这一根本任务，实现人的全面发展成为素质教育的题中应有之义和学生自身成长成才的内在需求。因此，课程思政是对当前大学生全面发展需要的重要回应。

2.1.3　重大意义

全面推进课程思政建设是我国落实立德树人根本任务的重大战略举措，从根本上回应了“培养什么人、怎样培养人、为谁培养人”的重大理论与实践问题。课程思政建设事关中国特色社会主义事业接班人问题，事关国家的长治久安，事关民族复兴和国家崛起。新时期，我们必须从战略高度，站在世界百年未有之大变局、党和国家事业发展的全局中认识课程思政建设的重大意义。

第一，全面推进课程思政建设为我国应对世界百年未有之大变局提供人才支撑。当今世界正经历百年未有之大变局，经济全球化遭遇逆流，一些国家保护主义和单边主义盛行等问题，具有极大不确定性的外部发展环境使我国的意识形态安全面临严重威胁，这在客观上给高校的思想政治教育工作带来了极其严峻的挑战。因此，高校课程思政在百年未有之大变局中应当准确识变、科学应变、主动求变，为中国在变局中斩浪前行提供坚实的人才基础保障。从世界百年未有之大变局的战略高度认知和把握课程思政，对我们提出了两点根本要求：一是要识势顺势。这里的“势”，就是指世界百年未有之大变局，在这场大变局中，中国由于处在世界舞台近中央的位置，所以发挥着极其重要的作用。课程思政应当借势用势、运势造势，在变局中开新局，引导学生增强忧患意识，强化战略思维、树立担当精神、培养全球视野，理解并把握构建人类命运共同体的时代意义和重要价值。二是要应声发声。随着中华民族的全面崛起，中国特色社会主义的伟大实践取得了举世瞩目的成就。课程思政建设应着力讲好中国故事，传播好中国声音，通过加强对外话语体系建设，不断创新我国在世界上的表达沟通方式，探索融通中外的创新概念、创新范畴和创新表述，向世界展示一个真实、立体、全面的中国。

第二，全面推进课程思政建设是推动党和国家事业战略发展的题中应有之义。高等教育在社会主义现代化强国建设中肩负着为党育人、为国育才的重任，从党和国家事业发展的全局中认真审视课程思政，这就要求我们从坚持和发展中国特色社会主义、社会主义现代化强国建设、从中华民族伟大复兴实现的高度上全面把握课程思政，是新时期高校课程思政服务国家战略的题中应有之义。从党和国家事业发展的战略全局中加强课程思政建设，我们需要做到两点：一是必须从坚持和发展中国特色社会主义的高度认识课程思政。青年大学生是社会主义事业的建设者和继承者，课程思政建设内容应围绕立德树人这个核心，坚定学生理想信念，积极推进习近平新时代中国特色社会主义思想“三进”工作，把社会主义核心价值观、中华优秀传统文化、宪法法治思想、职业理想和职业道德教育等内容有机融入学科教学过程，引导学生坚定中国特色社会主义道路自信、理论自信、制度自信和文化自信。二是必须从建设社会主义现代化强国的高度把握课程思政。课程思政应全面把握新发展阶段、贯彻新发展理念、在“双循环”新发展格局的积极构建中，为产业升级和企业的变轨超车提供精神动力和思想保证，着力引导学生将个人的成长与我国第二个百年奋斗目标实现的路线图融合起来，聚焦国家重大科技创新领域，让青春在党和人民最需要的地方绽放光彩。

第三，全面推进课程思政建设是高校坚持社会主义办学方向的主要抓手。2019 年 2 月，党中央、国务院发布的《中国教育现代化 2035》强调要坚持以德为先的教育基本理念，指出社会主义建设者和接班人的培养必须坚持德、智、体、美、劳全面发展教育，教育现代化要加快推进，提出建设教育强国的目标。课程思政是对立德树人教育总目标的全面贯彻与落实，课程思政作为一项复杂的系统工程，其实施过程受到多种因素的影响，探索课程思政各构成要素间运行的内在方式与原理，加强机制建设，能准确把握课程思政运行的规律，提升建设效率。

2.2　高校课程思政机制建设的理论基础

课程思政建设离开了马克思主义理论的指导就是“无源之水”，缺少了中国特色的哲学社会科学体系就是“无本之木”，忽视了课程的顶层设计和整体规划，就无法从根本上解决课程思政建设同向同行的问题。

2.2.1 指导思想：马克思主义人学理论

马克思主义人学理论体系中关于人的价值理论和人的全面发展理论为高校课程思政建设奠定了理论基础。

马克思主义关于人的价值理论强调个人价值与社会价值的统一问题。人的价值指的是人对于人的意义，进一步讲，就是人的行为在一定社会关系中对于人的意义。马克思认为，在选择职业时，我们应该遵循的主要指针是人类的幸福和我们自身的完美。由于社会性是人的本质属性，社会价值是人的基本价值，是实现个人价值的基础，当个人价值与社会价值发生冲突时，应当将人的社会价值放在首位。与此同时，我们不能忽视个人价值，个人价值在人的价值体系中同样是非常重要的，在人的社会价值实现的同时，也要注重个人价值的实现。然而，在课程思政教育实践过程中，总有一部分人割裂个人价值与社会价值的统一性，要么片面强调个人自我发展的需要，要么否定自我实现与发展的动机，过分凸显社会价值，因此，课程思政应仅围绕社会主义核心价值观的内容体系，在帮助学生实现自己的社会价值的同时，激发学生潜能，提高综合素养，帮助学生实现自我价值。由此可见，课程思政的价值目标以及实现路径与马克思主义人的价值理论是相契合的，马克思主义关于人的价值理论确立了人的基本价值，阐述了个人价值与社会价值的辩证关系，为课程思政教育教学改革价值目标的实现奠定了理论基础。

马克思关于人的全面发展理论强调人发展的全面性、自由性、充分性与和谐性。人的全面发展理论是马克思主义人学理论的核心。马克思认为，人以一种全面的方式，也就是说，作为一个完整的人，占有自己的全面的本质。也就是说，人通过对自身本质的全面占有，摆脱外在的束缚，其中，外在的束缚条件包括自然条件、社会条件和自身条件等一切力量，通过丰富社会关系和发展个性化需要，并依据自己的意愿和喜好进行活动的选择，以实现人的全面自由发展。马克思在批判资本主义社会的畸形、片面发展态度的同时，阐述了全面、自由、充分、和谐的人的全面自由发展的观点。一是人的需要，人的需要既有物质需要，也有精神需要，只有当人的低层次的需求得到满足时，人们才会追求更高层次的精神需求。二是人的能力，“任何人的职责、使命、任务就是全面地发展自己的一切能力”。人的能力体现了人的本质力量，发挥和发展人的能力将会成为目的本身，个人能力的发展将具有普遍性和全面性的特征。三是人的个性，人的个性包括个人的自我意识以及我们所特有的性格、品格、气质、兴趣等，当所有这些方面都获得发展时，才能实现个性的发展。四是人的社会关系，马克思指出，“人的本质不是单个人所固有的抽象物，在其现实性上，它是一切社会关系的总和”。马克思所指的“社会关系”与自然关系相对，反映了人类所特有的本质联系，“决定着一个人能够发展到什么程度”，马克思认为要实现人的全面自由发展，除了提高生产力的发展水平这一途径，还有一条途径就是精神产品的生产。例如，哲学、宗教、政治、法律和道德、艺术等为满足精神文化生活的需要而进行的精神劳动、文化创作等活动的产品。这些精神产品能够使人的主体意识得到强化，增强人们认识世界与改造世界的能力，促进物质生产的步伐，为人的全面自由发展提供重要的精神动力。

课程思政与马克思的人的自由全面发展理论是高度契合的，是实现人的自由全面发展的有效途径。课程思政建设能帮助人们实现自身的全面自由发展。首先，课程思政建设不但强调专业知识和技能的培育，更重视思维方法和情感价值的引领，充分激发学生内在的学习动机，使他们在服务社会中提升自我的最大价值，获得精神层面的成就感与满足感；其次，教师在课程思政教育教学改革实践过程中，系统学习马克思主义理论，提升了自己的思想政治理论素养，锻炼了课程设计能力，促进了自身能力的全面发展；最后，课程思政能够帮助人们树立正确的人生观、世界观、价值观，增强其社会责任感和爱国主义精神，全面提高人们的道德素质和品德修养，将“爱国、敬业、诚信、友善”的社会价值理念内化为一种道德自觉。马克思关于人的自由全面发展理论，为高校课程思政建设奠定了良好的基础。

综上所述，课程思政秉承了马克思主义人学理论的精髓，尤其是人的价值和人的全面发展理论，课程思政建设应积极从这些理论中汲取智慧，获得发展，马克思主义人学理论为课程思政的发展与弘扬奠定了坚实的理论基础。

2.2.2　理论根基：中国传统育人思想

中国历代思想家尊崇“济世经邦”的教化宗旨，认为培育人才是治国的根本大计，提出“育才造士，为国之本”，以“修身、齐家、治国、平天下”为理想追求，高度重视德行培育，把“立德”放在教化的首要位置。春秋时期《左传》

有云："太上有立德，其次有立功，其次有立言。虽久不废，此之谓不朽"[1]，即人生最高的目标是树立德行，其次是建立功业，最后是著书立说，做到这三点，人就可以实现自身的最大价值，并且永远不会磨灭。

春秋战国是奴隶制度向封建制度转型的重要时期，思想文化方面开始出现百家争鸣现象。作为儒家思想创始人，孔子以"为政之道"为架构，设计构建了一套完整的教化体系，依托各类不同学科的学习活动提升学生的政治素养。孔子要求学生"志于道，据于德，依于仁，游于艺"，即以道为志向，以德为准则，凭借仁爱之心，参与"六艺"（诗、书、礼、易、乐、春秋）活动，使学生达成德智均衡发展的教育目标。在课程编制方面，孔子系统编写整理"六艺"，肯定了"六艺"的教化作用。孔子教化的目标是培养具备理想人格的"君子"，提出君子应当具有的特质是：其一，志于大道。提出"君子不器"，即不能囿于一技之长，不能只求学到一两门或多门手艺，不能只求职业发财致富，而当"志"于"道"，能担负起治国安邦之重任。其二，心怀天下。提出"君子怀德，小人怀土；君子怀刑，小人怀惠"[2]，君子应当具有德行和规则，能够做到遵守社会道德、倡导公平正义，关注民生社稷，培养大格局、大视野。其三，重民族大义。提出"君子喻于义，小人喻于利"[3]，君子应当具有国家民族大义，摒弃个人的小利，个人小利要服从国家大义，重义轻利。与此同时，孔子还提出教育实施过程中，主体教师应当"默而识之，学而不厌，诲人不倦"，这也是孔子自我行为的写照，积累知识并且默记于心，坚持学习永远不满足，教育学生不知疲倦；客体学生应发挥主观能动性，提升自我道德意识的自觉性，提出"仁远乎哉？我欲仁，斯仁至矣"；育人环境同样重要，提出"里仁为美，择不处仁，焉得知？"，也就是要择邻而居，重视学习居住的生活环境，选择品行高尚的邻居和朋友，耳濡目染，养成良好的道德情操。

墨子生活在春秋末期战国初期，他所创立的墨家思想是先秦时期和儒家相对立的最大学派。墨子在教育内容方面，除《诗》《书》《春秋》《墨经》等理论典

---

[1] 阮元 . 阮刻春秋左传注疏（八）[M]. 杭州：浙江大学出版社 ,2015:240.

[2] 杨伯峻 . 论语译注 [M]. 北京：中华书局 ,2006:41.

[3] 杨伯峻 . 论语译注 [M]. 北京：中华书局 ,2006:42.

籍外，还增加了农业、军事等实践性知识技能。墨子的教育目标是培养“兼士”型人才，墨家学说中的“兼士”具有三个主要特点：“厚乎德行，辩乎言谈，博乎道术。”[1]“厚乎德行”是对学生道德品质的要求，排在第一位；“辩乎言谈”是对思维辩论的要求，才思敏捷、能言善辩代表学生卓越的表达能力，有利于推行墨家学说，传播墨家思想；“博乎道术”是对知识技能方面的要求，学生通晓实用技术和理论知识，才能有实现墨家政治目标的实践能力。在“兼士”型人才培育模式中，体现了德智并重、全面发展的思想。

南宋时期，朱熹的“理学”教育思想占据社会教育的主导地位，对儒学思想的发展起到了承前启后的作用。“居敬穷理”是朱熹推崇的道德教育方式，保持谨慎敬重的态度探究事物的道理，其目的在于培养出“格物致知、诚意正心、修身齐家、治国平天下”的国家栋梁之人，使求学的人懂得修身、齐家、治国的方法和策略。朱熹在《朱子全书·论学 》中提出“小立课程，大作功夫”的思想，指学业的进步是一个长期的过程，要阶段性设置发展目标，花大功夫去实现和充实它。古语“课程”主要指的是课业发展的过程，也是个人学识成长的过程。

明代王阳明是中国历史上极为罕见的全能大儒，能够做到立德、立功、立言，即做人、做事、做学问。他所开创的阳明心学，集儒、释、道三家之大成，阐述了“心即理”“知行合一”“致良知”的哲学思想。王阳明的道德教育思想更是融合了我国古代儒学、理学和心学的精髓，其教育目标是培养德智兼修的圣贤君子。他反对功利性的知识教育体系，作为学生，首先要具备“内圣之德”，修养圣人之德行。他所提倡的“致良知”，就是要求学生保持正确的学习态度，树立报国爱民的志向，充分发挥主观能动性，实现外王之道、圣贤之才的理想人格。王阳明在教学过程中遵从学生的自然天性，重视个体禀赋差异，提出“量其资享，能二百字者，止可授以一百字，常使精神力量有余，则无厌苦之患，而有自得之美”的观点。在尊重天性的基础上，王阳明还提出要“随材成就”的教育思想，根据每个学生的先天条件和差异化的资质禀赋因人施教，从而成人之美，经过适当的教育方式，实现各成其材的教育目标。

---

[1] 李小龙 . 墨子译注 [M]. 上海 : 中华书局 ,2016:55.

2.2.3 理论借鉴：西方课程育人思想

古希腊是西方文明的发源地，古希腊道德教育思想滥觞于苏格拉底，经过柏拉图的发展、传承，成熟于亚里士多德，其道德教育思想既一脉相承，又有所突破和超越，构成西方传统德育理论的重要基石。苏格拉底提出的“美德即知识”思想是古希腊朴素育人思想的核心观点，被称为“苏格拉底命题”。苏格拉底认为，教育的首要目的就是培养道德，教人智慧，德行是美的东西，知识也是一种美的东西，那么知识与美德正是在“美”上获得共识，“人认识到什么是好的事情和坏的事情后就会按知识吩咐去行事”[1]，从而趋善避恶。苏格拉底“智德统一”的观点强调知识与道德之间的内在联系，通过传授知识、发展智慧就可以培养具有完善道德的人，因此，知识教育是道德教育的主要途径。亚里士多德作为古希腊伦理思想的集大成者，为西方德行伦理的发展开辟了道路，亚里士多德强调德行的实践活动，重视动机与效果的统一、知与行的统一、主观与客观的统一，亚里士多德将公民教育区分为实用教育与德行教育两部分，前者的目的是谋生，后者的目的是引导公民符合德行的行为，德行教育是公民教育的精髓，亚里士多德的德育观点对我国课程思政的实践推进具有重要借鉴意义。

约翰•弗里德里希•赫尔巴特是19世纪德国哲学家、心理学家，在近代教育史上，他的教育思想对当时乃至之后百余年的学校教育实践和教育理论的发展产生了非常巨大、广泛而又深远的影响，被誉为“科学教育学的奠基人”“教育科学之父”和“现代教育学之父”。赫尔巴特的教育思想以道德为指向，把可塑性作为道德养成的内动力。赫尔巴特提出的“教育性教学”理论，把教育看作道德养成与性格完善的工具和手段，提出“我想不到有任何无教学的教育，正如相反方面，我不承认有任何无教育的教学”[2]的观点，赫尔巴特的“教育性教学”改变了以往“教育”与“教学”相互分离的情形，使两者能够相互融合、相互促进，构成了更加科学有效的教育学理论体系。赫尔巴特强调任何教学过程必须同时进行道德教育，道德教育必须依赖教学，“德育问题”是不能同整个教育分离

[1] 拉尔修 . 名哲言行录 [M]. 马永翔 , 译 . 长春 : 吉林人民出版社 ,2003:13.

[2] 赫尔巴特·普通教育学讲授纲要 [M]. 李其龙 , 译 . 北京 : 人民教育出版社 ,1989:12.

的，而是同其他教育问题必然地、广泛深远地联系在一起。教学如果没有进行道德教育，只是一种没有目的的手段；相反，道德教育如果没有教学，就是一种失去了手段的目的。教育的最高目的是道德和性格的完善，赫尔巴特道德教育思想的理论意蕴与当代课程思政教育理念高度契合，对我国高校课程思政的机制建设具有重要的启发意义。

约翰·富兰克林·博比特开创了现代课程研究的先河，被誉为“现代课程理论之父”，其“大团体意识”理论对我国课程思政建设具有重要的借鉴意义。博比特认为，道德教育是青年教育的根本，培养学生的社会态度及价值观是学校的最高职能，道德教育任务的核心是转变他们的团体意识。博比特的大团体意识理论认为，一个人对小团体的归属意识越强，他就越会对人采取两套行为标准[1]，对那些与我们有竞争的团体成员采取敌对态度，对同一社团成员采取友好态度。国家作为一个大团体，被划分为各种小的功能团体，这些小的功能团体相互作用构成大的有机团体，大团体中的成员意识成为主流，敌对排外的态度消失，所有人都开始接受对内的行为标准，并作为公民行为的准则，从而形成完整的好的公民意识。所以，公民训练的问题突出体现在大团体意识的发展上，如果人们的大团体意识增强，就会采取正确的态度和促生正确的行为。课程思政建设的主要目标之一就是培养学生的国家意识、人类关怀以及宇宙视野。国家意识是就当前世界发展的进程而言的，体现了公民的国家主人翁的归属感、责任感及自豪感，有利于国家发展的繁荣昌盛，使本民族在世界竞争中立于不败之地；人类关怀，则超越国度从全球人类发展的视野，让学生理解“人类命运共同体”的科学价值，以及中国在全球发展过程中所贡献的中国智慧和中国力量；宇宙视野，是超越人类与地球，随着航天事业的发展，本着为未来培养人的理念，站在更高的视野中思考人类的发展问题。所以，课程思政建设必须提高站位，加强对课程思政建设效果的评价和教育指导，提高对政治方向引领的重视程度，从更高的思维视野出发全面推进课程思政建设。

---

[1] 约翰·富兰克林·博比特 . 课程 [M]. 刘幸 , 译 . 北京 : 教育科学出版社 ,2017:103.

2.3 高校课程思政主要机制的内涵及功能

高校课程思政建设是一项复杂的系统工程，受到多种因素的影响。从思想政治教育学的视角出发，课程思政建设受主体、客体、载体、环体等因素影响；从课程与教学论的视角出发，课程思政建设受教师、教材、课程、内容、方法、评价等因素的影响；从教育哲学的视角出发，课程思政受到教育者与受教育者等因素之间双向互动的影响等。机制作为一个物理学术语被广泛应用于社会科学领域，是指影响事物各要素之间结构、关系及作用机理，强调从动态、系统的整体视角出发研究事物的发展规律，具有动态、耦合的特点。机制研究强调事物向高阶、深化方向发展的动态过程及规律，所以，从机制的视角出发研究课程思政的全面推进是由现象深入本质的探究，课程思政的机制研究强调内部各要素间相互作用、发展、演变，最终实现其育人目标的过程及规律。通过文献研究，笔者发现，协同、激励、动力、施教、保障、制约等机制建设中，协同机制、施教机制和保障机制三大机制在课程思政建设中发挥着至关重要的作用，三大机制相互作用，耦合优化，共促课程思政的全面推进，其中，协同性是课程思政的本质特征和内在规定，协同机制是课程思政建设全面推进的基本前提；施教机制是课程思政从理念到实践的关键过程；保障机制是课程思政可持续发展的重要环节。探究课程思政各构成要素间的关系，挖掘其生成的内在规律，加强生成机制研究，使各种影响因素从无序到有序，能有效推进课程思政建设的进程。

课程思政是一个有机整体，由多种要素构成，各部分要素各尽其责，彼此联系，共同维护课程思政有机体的可持续化高质量发展。课程思政机制主要由协同机制、施教机制和保障机制三大机制构成，三大机制在系统整体运行中承担着不同的功能。在课程思政系统运行过程中，三者分别承担着聚集合力、实践转化、推动助力的不同功能，形成聚力、化力和助力的能量输入输出闭环，有效保证了课程思政可持续高质量发展的不竭动力。

2.3.1 协同机制的内涵及聚力功能

协同性是课程思政的本质特征，有学者提出，课程思政应构建主体协同机制与环境协同机制[1]，前者解决了当前思想政治教育在实践过程中人力资源不足的问题，构建全员参与的良好气氛，后者为课程思政营造一个广阔的育人场域。数字化时代，随着全球化和网络化的发展，仅仅依靠思想政治理论课对大学生进行价值引领，已经不能满足社会和学生的需要，知识的聚变，价值的多元，舆情发酵的迅速，推进知识与价值的有机融合，发挥课程思政的协同机制效应刻不容缓，探究各类课程协同育人的内在机理，是新时代推进课程思政高质量建设的必然要求。当前，各类学校的课程思政建设普遍快速推进，但是大部分教师处于各自为战的摸索阶段，必须发挥全部要素的协同育人合力，才能更好地实现高等教育立德树人的高质量人才培养目标。

课程思政的协同机制通过协调各方力量，以构建多维立体、齐抓共管的大思政格局。依据协同理论，复杂系统在外来能量或者物质聚集影响下逐渐发展到一定程度的时候，在临界值就会发生子系统与子系统之间的协同作用，在协同力量的作用下，系统在特定的临界值发生质变，系统也由混沌的无序状态发展为相对稳定的有序状态。思政课程与课程思政的协同机制建设既是新时代思想政治教育的理论逻辑，也是实践逻辑必然，其协同育人机制的构建包括保障机制、激励机制、规范机制、分类机制和创新机制五大子机制，其中，以党的领导为核心，把立德树人的效果作为最终指向，将教育教学的规律作为最基本遵循，把各类学科专业的特点作为出发点，以先进的典型示范作为引领，在路径生成方面依循理念、内容、方法、渠道和考评等的主要构建。[2]基于前人研究基础，高校课程思政协同育人机制主要从主体、环体和载体三个维度构建其协同育人体系，其中，在主体协同层面，注重教育主体、受教育主体和研究主体之间的协同；在环体协同层面，注重网络环境、校园环境、社会环境与课堂育人环境的互动；在课程协同层面，注重思政课程、专业思政、大中小学课程思政一体化协同等课程的纵横联系，构建完善的课程思政育人体系。

课程思政作为一项群体性的工作，也是一项系统性的工程，需要汇聚多方

---

[1] 赵文东．课程思政协同育人机制的构建 [J]. 延边教育学院学报 ,2021（35）:5.

[2] 韦诗业，李素芬．新时代思政课程与课程思政协同育人机制构建研究 [J]. 学校党建与思想教育，2021（20）:4.

合力才能实现课程思政的建设目标。[1]思政与课程的有机融合属性决定了协同性是课程思政的本质特性，协同机制是将课程思政涉及的诸多因素和关系有机结合，凝聚各方的资源，是高校课程思政协同育人的动力要素，在课程思政机制建设过程中发挥着聚力的功能。只有汇聚多方合力的协同机制才能使课程思政施教机制、保障机制得以正常有序而高效地运转，使高校课程思政全面快速推进。

第一，凝聚主体队伍合力。高校课程思政建设涉及多部门、多主体的协同参与，在教师与学生的协同过程中，不同类型教师的课程思政育人实践与学生的效果反馈形成良好的教育闭环生态，教师是高校课程思政建设发展的关键资源，是兴教之源，课程思政教师承担为国家培育人才的重大历史责任，强调了教师在协同机制主体队伍中的核心主体地位，思想政治理论课程的教师肩负高校思想政治教育的核心主体责任，各门学科专业的课程教师结合自己学科独特优势积极参与协同育人，其他教育工作者在优化管理和提升服务中促进高校课程思政建设，与此同时，学生积极主动参与课程思政教学实践过程，及时反馈课堂的收获和学习的期待，在教师与教师、教师与学生的互动交流中，充分发挥各类主体的协同育人作用。在部门与部门的协同过程中，不同部门相互配合共担育人使命，其中，高校党委主导课程思政的全面建设，各二级学院发挥学科专业优势引领课程思政的实践推进，高校课程思政发展中心负责统筹协调落实，马克思主义学院负责提供专业的理论支撑，其他部门在制度、管理、服务方面提供各类保障与支持。无论是各类教师主体和管理部门的有效实施，还是学生的有效反馈，共同凝聚为高校课程思政建设的主体合力。

第二，汇聚课程思政资源。完善高校课程思政协同机制，需要将各种思政资源进行有效整合。课程思政资源高校思政资源所涉众多，涵盖一切能实现思政课程目标的资源，具体而言，包括物质资源和人力资源、校内资源和校外资源、文本资源和网络资源、显性资源和隐性资源等。其中，高校各专业的课程资源是最主要的思政资源，内容涉及高校多门学科等跨越多学科形式，多有课本、课件以及科研成果等；专业课教师是最活跃的思想政治教育资源，教师在课堂教学过程

---

[1] 付文军．“课程思政”的学术探索：一项研究述论 [J]. 兰州学刊 ,2022（1）:1-9.

中的言谈举止、精神信仰和政治立场等；校内资源包括高校的图书馆、校史馆和运动馆及音乐厅等，校外资源有本地的博物馆、红色革命根据地等。高校将以上资源进行有效整合，不仅可以为课程思政教学提供教学素材，丰富课堂内容，为课程提供更多专业知识、教学案例和实践场所，还能增强学生体验，深化对课程思政知识体系的理解及认同。

第三，打造全育人场域。学校环境、社会环境和网络环境作为影响高校课程思政建设的重要环境因素，共同构成了高校大学生思想政治教育的整体场域。高校课程思政是一项非常复杂的教育实践活动，要做好高校课程思政全面推进工作，需要教育的全部主体共同参与，全部环节紧密相连，所有方位全覆盖，所有场域共同参与，打拳要打组合拳、画圆要画同心圆，唯有如此，才能直达学生的心灵深处，实现“三全育人”格局。因此，从场域构建视角，做好高校课程思政的建设工作，不仅需要学校，还需要发挥社会和网络与学校之间的联动作用，形成育人聚力，营造育人氛围。其中，学校场域要对青年进行充分的价值引领，社会场域要为青年创设积极向上的育人环境，虚拟空间要努力打造网络育人的良性生态。

协同机制的功能便是将各方主体提供的资源力量汇聚起来，而功能的发挥主要通过凝聚主体队伍合力、汇聚课程思政资源、打造全育人场域来进行。为了课程思政系统的全面推进，积极发挥课程思政协同机制的“聚力”功能，能保证施教机制与保障机制正常高效运转。

2.3.2 施教机制的内涵及化力功能

课程思政的施教机制是指课程思政在具体实施过程中内部各要素间的相互影响交互作用的过程。高校、政府、企业、科研院所协同配合的宏观运行体系❶，教学目标、教学内容、教学方法和考核评价❷的微观运行逻辑，二者构成了课程思政运行体系的整体逻辑。就微观运行而言，教学能力是教师的基本能力，教师

---

❶ 周赟，徐玉生．新工科背景下高校思政课育人体系建设的三重逻辑 [J]. 教育理论与实践，2021, 41（21）:28-32.

❷ 李娜，郭春秋，杨品红，等．“双一流”背景下地方应用型本科高校微生物学课程教学改革探索 [J]. 黑龙江畜牧兽医 ,2021（14）:140-143.

应在“教学做”中实现知识、技能、素质有机融合[1]，教师课程思政综合能力素养的高低对课程思政的影响重大，教师作为课程思政的关键，要努力提升自身课程思政素养，过硬的政治素养属于教师的首要核心素养[2]，占据第一位[3]。教学内容设计是课程思政实践的起点，通过课程开发与教学实施，进而实现课程的育人教学目标[4]。在课前、课中和课后三个不同的阶段：课前，侧重教学目标、教学计划的设计；课中，合理运用教学方法将思政元素有机地融入专业课中；课后，进行反思总结与反馈以实现高校的教学育人目标，教学内容应当结合高校特色制订符合自己的具体教学计划和教学目标至关重要，学校需结合专业学科特色进行内容的融合，不可生硬地为了融入思政教学而融入[5]；教学方法应当尽可能激发学生的学习热情，紧扣教学内容、围绕教学主体，拓展启发式、参与式、沉浸式和开放式等多种方法助力教育教学实践[6]。此外，还应重视课程思政场域建设，激活网络环境、社会环境和校园环境中的思想政治教育资源，与课堂思政环境有机互动，打造立体化育人格局。

施教机制在课程思政系统建设过程中主要承担着“化力”的功能。具体而言，化力功能就是将协同机制所聚合的各类资源，通过实践运用于课程思政建设的各环节，实现从理念到实践，转化为学生思想的力量。在力量转化的过程中，课程思政主体由教师迁移转变成了学生。施教机制是高校课程思政贯彻落实高校立德树人目标的关键，是高校实现课程思政育人规范化与科学化的重要环节，具体从提升教师的课程思政育人能力、课程的开发设计模式、课堂的育人生态场域

---

❶ 于红丽，齐勇，陈立媛．论教师能力是思政课实践教学的关键要素支撑 [J]. 黑龙江教育（理论与实践），2016（Z1）：33-34.

❷ 王光明，卫倩平，张永健，等．教师核心素养和能力结构体系再探 [J]. 中国教育科学（中英文），2019，2（4）：59-73.

❸ 林媛红，张君辉．论新时代高校思政课教师的素养 [J]. 广西社会科学，2021（4）：184-188.

❹ 欧丽娅，张少生．课程思政视域下高校体育课教学设计与实施探析 [J]. 广州体育学院学报，2021，41（4）：99-103.

❺ 傅江浩，赵浦帆．高校思政课教学媒体技术融合改革创新 [J]. 湖北社会科学，2019（12）：180-184.

❻ 李敏，夏婷．守正创新：思政课教学方法改革之“变”与“不变” [J]. 中学政治教学参考，2021（20）：76-79.

三个方面重点发挥施教机制的功能。

第一，课程思政主体要加强自身能力素养。提升教师的课程思政能力素养是化力功能能否正常发挥的关键，教师作为教育的主导力量，其承担着传授知识、技能、价值的主要职责，这就要求教师除了自身的专业领域，还要提升自身的马克思主义理论水平，思想政治素养，不但用自己渊博的学识，还要用自身坚定信仰折射出人格魅力去影响学生。一方面，优化教学整体策略。当代课程思政的受教育主体快速而便捷地接收各方面信息的轰炸，但网络上的各种思想混杂交织，导致学生对问题的认识过于肤浅，缺乏判断力，教师应关注学生关心的网络舆情热点，依托云端热点话题资源和不同观点，结合专业课程知识内容体系，精准探索思想政治教育元素，运用创新方法实现有机融合，使课程育人升高度，提质量。另一方面，提高自身思政修养魅力。在教学实践中，除课程内容教学外，教师的一言一行最能悄无声息地影响学生，教师应坚定自身的政治信仰，始终坚持“四个自信”，做到“两个维护”，使自己的马克思主义理论水平不断精进，思想政治素养不断提升。

第二，课程设计要凸显育人目标。教师的课程设计需要具备准确性、针对性、具体性等特点，不同专业、不同科目设计不同的教学方式、教学方法和教育内容，在课堂教学过程中，注意专业知识教育与思政教育协同互促发展，唯有如此，课程思政设计才能更加高效。课程是协同育人的基本载体和基本方式，没有好的课程，课程思政就会成为无源之水、无本之木，不能达到立德树人、铸就教育之魂的课程思政目的。由于各门学科课程存在知识结构、逻辑思路诸多差异，课程思政在不同学科专业、不同教师的课堂均呈现完全不一样的课程思政内容，然而，其课程设计的本质逻辑是不变的，即用一定方法挖掘课程所蕴含的思想政治教育内容并有机融入课堂教学过程中。因此，教师应在共性与个性差异中把握高阶课程的设计模式开发。

第三，课堂思政要以学生为中心。对于课堂教学内容要考虑教师的教学难易程度和学生的学习接受效果。教师教学程度较难，会显得晦涩难懂，导致学生失去对这门课的兴趣和对老师的好奇；而教学程度过于简单，学生能听得下去，会失去这门课的意义，学生也会对这门课失去思考能力，那么课程思政的理念自然得不到落实。因此，要切实根据每位教师教学难易程度以及学生的接受程度来制定教学课程，这样才有利于课程思政发挥作用。与此同时，采用什么样的教学方法对课堂育人的效果也具有重要的影响作用，同一教学方法在不同学科的课程育人过程往往差异很大，教学模式也不尽相同，因此，对思政教学方法的选择应细化到各学科专业。不同专业的教学方法也不同，在课堂上需要选择合适的教学方法达到课程思政与专业知识的同向同行。在课堂教学中判断教学方法是否合适，通过学生的课堂反应以及课下反馈来验证教学方法是否适用，是否需要优化调整。在内容上也需要进行一定的设计，将思想政治要素融入各教学环节，教学内容凸显时代感，教学内容话题性强、可论性强，贴近学生生活。

施教机制的化力功能就是依托教师的课程思政素养能力、课程的设计模式与课堂思政三个方面，确保课程思政育人的顺利落实，其本质是利用协同机制整合的各类教育资源，通过施教机制，转化为各类育人成果，包括课堂的教学成果、教师的政治素养能力和课程设计模式，推动课程思政将聚合的力量迅速转化成学生思想的力量。

2.3.3 保障机制的内涵及助力功能

课程思政建设的保障机制是课程思政实现可持续发展的长效机制，是课程思政协同机制和施教机制的有力支撑。课程思政建设绝不是喊两句口号，蹭两年热度的话题，而是关乎社会主义接班人，关乎民族复兴的教育大业，必须引起足够的重视，稳扎稳打，全面推进，有推动、有落实，更要有保障，唯有如此，课程思政建设才能长期高效推进。课程思政建设需加强党委对课程思政建设的领导和主体责任[1]，课程思政实施的前期应有预警机制，中期有配套机制，后期有评价机制[2]，基于前人研究基础，本研究着力从传播机制、管理机制、评价机制三个维度出发构建课程思政的保障机制（见图 2-1）。

---

[1] 王丹丹，王友富．高校“课程思政”理论研究进展与图书馆学人的作为 [J]. 高校图书馆工作，2020, 40（5）:24–33.

[2] 宫维明．“课程思政”的内在意涵与建设路径探析 [J]. 思想政治课研究，2018（6）:66–69, 91.

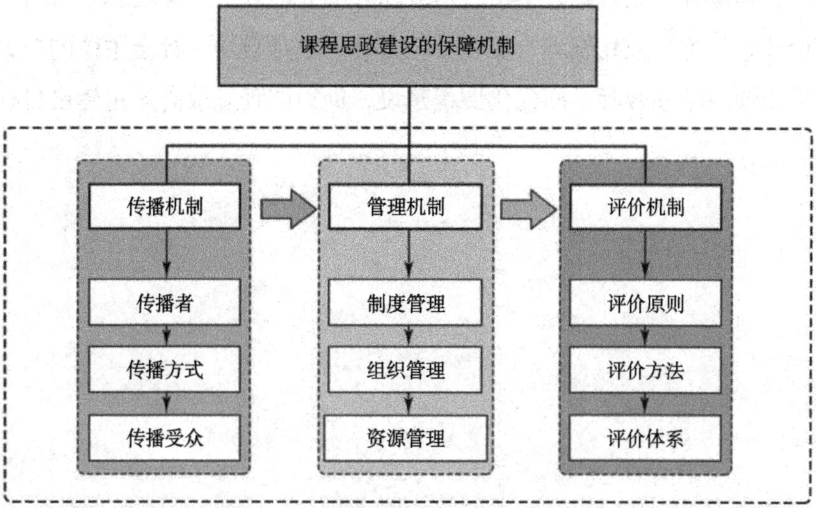

图2-1　课程思政建设的保障机制

课程思政建设的保障机制是课程思政实现可持续发展的长效机制，是课程思政协同机制和施教机制的有力支撑，在课程思政系统建设过程发挥着“助力”的功能。助力功能是指课程思政的保障机制建设围绕管理子机制、传播子机制和评价子机制为系统运行提供制度保障、长效机制和优化路径，助力课程思政建设的可持续高质量发展。第一，助力课程思政的可持续发展。从传播机制传播者、传播方式和传播受众三个维度出发，发挥传播者教师的主导地位，优化传播内容，改进传播方式，提升传播效果；传播受众应重视主观能动性，提高受众的学习积极性及自觉性；此外，还要重视课程思政理念的网络传播力，发挥信息时代大众的知识学习习惯，拓展课程思政理念的影响力边界。第二，助力课程思政的强力实施。从制度管理、组织管理和资源管理三个维度出发，完善学校专业课程的指导纲要，激励制度、各类审核评估条件等内容；加强顶层设计，实施课程思政一把手工程，从纵向维度层层激发动力、形成共识，横向维度各部门协同配合并互相支持；重视课程思政资源共享、融合延展，构建一体化课程思政育人体系，贯通人才培养主渠道。完善课程思政管理机制，依托各种刚性和柔性的制度规章，助力课程思政的强力实施。第三，助力课程思政的高质量建设。教育评价事关教育发展的方向，评价作为“助力”功能中的重中之重，影响着课程思政系统的质量与水平，是课程思政教育教学实践形成闭环的关键环节。课程思政通过构建多主体评价体系模型，依托领域专家、受教育者、教师自身、社会主体的全方位考量的效果反馈，帮助教师不断优化课程建设，助力课程思政高质量建设目标任务的实现。

第三章　高校课程思政的协同机制

课程思政协同机制是促进高校课程思政相关要素协同运行的有效机制，是影响高校课程思政建设的一个重要的理论问题，新阶段全面推进高校课程思政高质量建设的必要前提是在理论层面解释清楚实现这种跃升的关键。笔者基于协同学的理论视角，运用 CiteSpace 文献计量学工具，通过聚类分析，结合可视化分析中的重要领域及热点演进，通过梳理文献内容中所蕴含的关键要素，经过提炼、归纳和分析其内在的逻辑关系，从无序到有序搭建高校课程思政协同机制模型（见图 3-1），以便更清晰地呈现高校课程思政主要构成要素之间的结构关系，为课程思政的实践推进提供理论框架指导。高校课程思政建设是一项复杂、动态、开放的系统工程，受多种因素的影响，必须发挥全部要素的协同育人合力，才能更好地实现高等教育立德树人的高质量人才培养目标。围绕课程思政的三大主要构成要素，课程思政建设的全面高质量推进需要实现教师、课程、课堂三者之间以及内部各要素间保持互联互通、行动一致、协同推进，即教育主体队伍联通，组成课程思政育人共同体；课堂教学场域融通，创造同频共振的育人氛围；课程建设纵横贯通，完善课程思政教学体系建设。

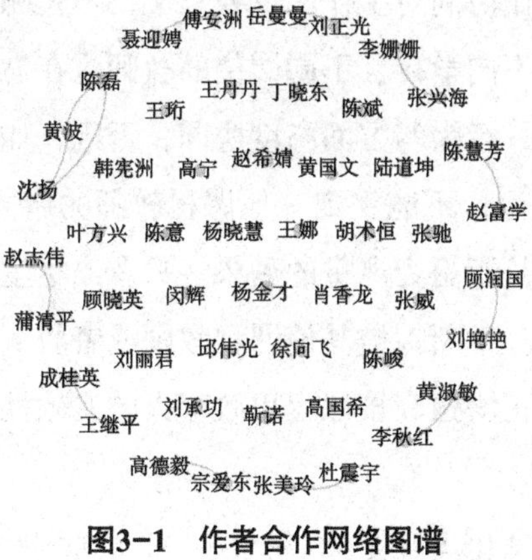

图3-1　作者合作网络图谱

3.1 主体维度：构建教育共同体

高校课程思政建设的关键在于作为教育之实施者的教师，育人的效果在于作为受教育主体的学生，其深化的程度在于本领域的研究主体的整体水平及网络合作度。教育意义的产生是教育多主体间交互作用的结果，要实现高校课程思政的可持续化发展，主体维度必须改变当前以教师为单一主体的认识，推进从单一主体到多维互动教育共同体的生成，汇聚教育主体与受教育主体、研究主体协同的作用合力，从而实现全员育人格局。

德国社会学家滕尼斯提出的共同体理论对构建课程思政教育共同体具有一定的借鉴意义。他指出，共同体往往是基于一定的情感、习惯、地缘及精神而形成的社会有机体，其特点是共同体中的成员之间互相依存，并且具有共同的价值理目标。[1]因此，构建高校课程思政教育共同体要求各类教师的联合行动、相互配合，树立共同体意识，彼此共享资源，不断优化组织结构，持续推动课程思政系统的共享协同发展。在高校课程思政教育共同体建设过程中，重视各类教育主体间的协同与合作，取长补短，打造教育者合力育人的长效机制。

3.1.1 教育主体

在高校课程思政建设系统中，教师主体作为系统运行最为关键的要素，在一定程度上规定并影响着教育系统整体运行的发展状态。协同论指出在一个开放系统中，序参量是具有宏观行为的关键变量，在高校课程思政建设的非平衡开放系统中，教育主体这个序参量通过内部各素养间的相互协同促进系统的有序状态呈现。邓小平就曾强调合作协同对工作的重要意义，不是哪一个人不合格，或者犯了错误的问题，因此，不同学科、不同岗位的教师应在立德树人方面保持高度一致，必须在思想、观念、行为等方面高度协同，否则，如果思想政治理论课教师在课堂上讲授的系统理论，不能受到其他课程教师的认同，甚至发生观点冲突，那么就会出现价值抵消甚至更为严重的后果，只有当学生在显性思政教育过程中接受正确的世界观教育，不断地被其他课程教师或者教育工作者在理论中强化且在实践中践行，才能真正增强高校课程思政育人的实效性。

---

[1] 斐迪南·滕尼斯. 共同体与社会 [M]. 林荣远，译. 北京：北京大学出版社，2010:146.

一方面，任课教师之间的协同。其一，应加强专业课教师与思政课教师的协同，提升二者的协同育人意识，坚定育人信念，以理想信念烙印在教学过程中的每一个实践。理论学习方面，专业课教师向思政课教师学习，提升思政理论水平和理论素养；备课环节，思政课教师积极配合专业课教师以充分挖掘课程思政元素，将专业技能知识和思政知识有机融合；课堂教学环节，专业课教师和思政课教师可以双师同堂，共同开展教学并不断完善课程设计。只有专业课教师和思政课教师这两支队伍积极协调配合，才能促进思想政治理论教育与专业技术教育的有效融合互动。其二，应加强不同学科教师间的碰撞与交流。为了打破分科造成的教师和学生的思维困境，树立系统思维，使高等教育服务区域发展、服务国家战略，依据课程知识特点，以问题为导向，帮助学生打破思维边界，有效解决思维困境，可以邀请知名教授、行业精英、学术权威、思政名师等不同领域的人员多师同堂、思维碰撞，头脑风暴，在师生互动的沉浸式参与中引导学生主动思考；实践体验上而言，从不同视角出发，对同一问题的不同见解，不仅有利于拓展学生思维边界，还可从讲解中感受其他学科的魅力，汲取多学科跨界营养，提高整体育人效果。

另一方面，任课教师与管理者的协同。课程思政建设必须推进党委一把手工程，从校党委到二级学院党委、系党支部，层层抓落实，发挥党员先锋模范带头作用，做好课程思政的示范课建设，以点带面，通过顶层设计、政策文件、研究专项、评价体系等配套举措，保障课程思政在高校的全面贯彻与落实。辅导员是高校课程思政建设的一支重要的管理协同力量，是高校日常思想政治教育工作的主要承担者，能够第一时间掌握学生思想和学习行为的变化，其优势是比较全面地了解学生的生活背景及个性特点，不足是日常事务性工作繁多，专业指导与思想理论水平相对欠缺，不能及时满足学生对科学理论和思想政治问题的高质量需求。由于课程思政任课教师教学经验丰富但对课程思政建设的宏观把握以及学生日常思想发展状况掌握不到位，所以，应当加强任课教师与教育管理者的协同。其中，学校层面的管理者通过政策制度、组织队伍、专项资金等一系列措施为任课教师的课程思政教育教学改革提供良好的建设条件；辅导员作为学生班级的直接管理者，具有天然的思想政治工作优势，课程思政任课教师应当与辅导员共同搭建专业技能科研合作平台，使教师与辅导员优势互补，辅导员做好学生的思想工作，促进学生的日常学习生活，培养良好习惯和思想，动员学生积极参与学术活动，任课教师发挥优势，为学生创造更多的学术活动，共同营造积极学术氛围。实现任课教师与管理队伍的有效协同和融合，各取他长以补其短，各利其长以补他短，有效发挥协同的最大效能，从而在提升高校思想政治工作成效的同时促进学生专业技能的进步。

3.1.2 受教育主体

高校课程思政的教育对象是受教育主体，思想政治教育最终是深入人心而直达灵魂的，如果脱离了受教育主体的存在，那就很难科学评判课程思政的教育价值，因此，从受教育主体角度来研究课程思政的全面建设，使课程建设更加贴近学生，坚持以学生为中心，围绕学生、关心学生，实现立德树人的教学目标，所以应着力从以下两方面重点突破。

一方面，以学生学习为导向。在高校课程思政教育教学改革实践中，思想政治教育效果的作用点是学生，课程设计的好坏和教学效果的优劣关键看学生，因此，在课程设计过程中要以学生主体的“学”为导向，而不是以教师为主体的“教”为导向，课堂教学过程中要更多体现以学生为主体的教学活动，调动学生的学习积极性，让学生更充分地参与课堂学习。大力推进传统教学方式与现代信息技术有机融合，通过线上线下融合式教学改革，探索构建以学生为中心的课程思政示范课程，切实提升高校课程思政的高质量建设。

另一方面，以学生自我教育为目标。“教”是为了“不教”，高校课程思政教师应当重视学生在课程思政目标维度的自我教育能力的培养与指导，作为一种有效的思想政治教育方法，自我教育体现了受教育者高度的自觉性与积极性，他们能主动积极地把教育者的要求转变为自己努力的目标。面对新时代的各种机遇和挑战，加强大学生的自我教育是提高课程思政育人效果的有效途径。自我教育作为一种主体自觉性的教育活动，其直接目标也是影响受教育主体的身心发展，在自我教育视角下高校课程思政应重视引导学生通过自主学习、结合国家战略和社会热点，运用自己的专业理论开展分析与探讨的习惯，自觉接受马克思主义理论熏陶，并真正把马克思主义的立场、观点内化于心、外化于行，从而不断提高自身的政治追求、文化素养，树立正确的世界观、人生观、价值观，真正成长为有担当、能胜任的强国建设事业的接班人。

大学生思想活动的多元性、多变性，自主意识日益加强，推进课程思政的发展，以学生为中心，在教学实践过程中坚持以教师为主导，学生为主体；注重受教育主体的自我教育，发挥学生成长的自觉性，两个方面同时发力，为强国建设培育优秀人才。

3.1.3　研究主体

研究主体在一定程度上决定着课程思政建设的深度与质量。本研究结合上文检索到的 482 篇核心期刊文献，运用 CiteSpace 等多种文献计量学工具，对研究主体进行了可视化图谱分析，研究发现，课程思政的研究主体整体上存在团队合作度不高，研究可持续性不强，内在机理的研究有待加强等问题。

（1）研究的作者及合作网络分析

作者是论文研究的主体，发文数量的多少反映了其在本领域的权威程度。表 3-1 依据发文数量对 TOP10 的作者进行了排序，其中，杨晓慧发文数量最多，发文总量是 4 篇，其次是刘正光、赵富学、沈扬，发文量均为 3 篇，而闵辉、韩宪洲、叶方兴、岳曼曼、李姗姗和陈慧芳的发文量均为 2 篇；为更好地呈现作者之间的合作网络关系生成了作者合作网络图谱（见图 3-1），依据学者的发文数量统计表和作者合作网络图谱的综合分析，总结归纳出以下特点：

一方面，人均发文数量普遍偏低。即使最高产者的发文数量都少于 5 篇，仅为 4 篇，这种现象反映了学者们在本领域研究的持久性和深耕性有所欠缺；与此同时，从期刊的发文总量与核心期刊的发文量对比 11435：814（检索条件为：主题 =“课程思政” and 检索时间 =“2021-3-18”）中，我们要注意到思想政治教育类和教育教学改革类核心期刊资源的紧缺，也是造成高级别成果产出数量的一个重要原因；依据发文的总量差（最多产出为 4 篇与最少产出 1 篇的学者发文差距只有 3 篇文献，）判断本领域学者的权威性，可以看出该领域研究学者的权威性并不十分明显。

另一方面，研究的作者彼此合作网络不发达。依据 CiteSpace 软件的运算分析，得出节点数 N=136，连线数 E=30，密度值 Density=0.0033，密度值偏低，表明合作度不高；在图 3-1 中我们可以很直观地看出合作较为紧密的团队有沈扬团队、刘正光团队、高德毅团队和赵富学团队等，结合表 3-1 的发文数量统计，发现研究团队的成果产出量还是相对较高的，因此，学者们之间应当加强学术合作。

表3-1　作者发文数量TOP10统计情况

排序	姓名	发文数量 / 篇	年份	排序	姓名	发文数量 / 篇	年份
1	杨晓慧	4	2019	6	岳曼曼	2	2020
2	刘正光	3	2020	7	李姗姗	2	2019
3	赵富学	3	2020	8	闵辉	2	2017
4	沈扬	3	2020	9	韩宪洲	2	2019
5	叶方兴	2	2020	10	陈慧芳	2	2020

（2）研究的机构及合作网络分析

发文机构作为课题研究领域除作者之外的又一研究主体，其发文的数量反映了课题研究领域的空间分布特点。表 3-2 中发文数量排名前十的研究机构中，吉林大学马克思主义学院、北京航空航天大学马克思主义学院和东北师范大学思想政治教育研究中心，这三家机构排在前三位，发文总数量都是 4 篇，而接下来的华东师范大学、复旦大学马克思主义学院、湖南大学、武汉大学马克思主义学院、武汉体育学院体育教育学院、天津商业大学教务处、四川大学轻工科学与工程学院的发文量都是 3 篇。为更好地呈现研究机构之间的合作网络关系，我们生成了研究机构合作网络图谱（见图 3-2），依据各科研机构的发文量统计表和机构合作网络图谱的分析，总结归纳出以下特点：

第一，从研究机构的学科类型和发文数量来看，研究机构涉及的学科领域非常广泛，这是由课程思政实施的学科广泛性决定的，而单个机构发文数量最多的只有 4 篇，这在一定程度上受到以二级机构作为统计单元，导致数据较为发散的影响，例如，仅东北师范大学（9 篇）就有五个二级机构：东北师范大学思想政治教育研究中心（4 篇），东北大学马克思主义学院（2 篇），东北师范大学体育学院等其他 3 家二级机构（各 1 篇）。因此，在讨论研究机构的成果数量时必须考虑一级机构的成果总量以避免评价的片面性。

第二，从研究机构分布的区域来看，发文数量比较多的三个地区分别是：上海（66 篇）、东北（21 篇）和北京（20 篇），可见，高产机构主要集中在东部、东北部和中部地区。上海的高产与上海市教委的顶层设计与全市各高校早期的实践探索是分不开的；东北部分高校充分发挥马克思主义学院的引领优势，北京部分高校注重发挥学校党委的领导作用，积极推进课程思政理论研究与实践探索。

表3-2　课程思政研究机构发文数量TOP10统计情况

排序	机构名称	发文数量/篇	年份	排序	机构名称	发文数量/篇	年份
1	吉林大学马克思主义学院	4	2019	6	武汉大学马克思主义学院	3	2020
2	北京航空航天大学马克思主义学院	4	2018	7	武汉体育学院体育教育学院	3	2020
3	东北师范大学思想政治教育研究中心	4	2018	8	天津商业大学教务处	3	2018
4	华东师范大学	3	2020	9	湖南大学	3	2020
5	复旦大学马克思主义学院	3	2018	10	四川大学轻工科学与工程学院	3	2020

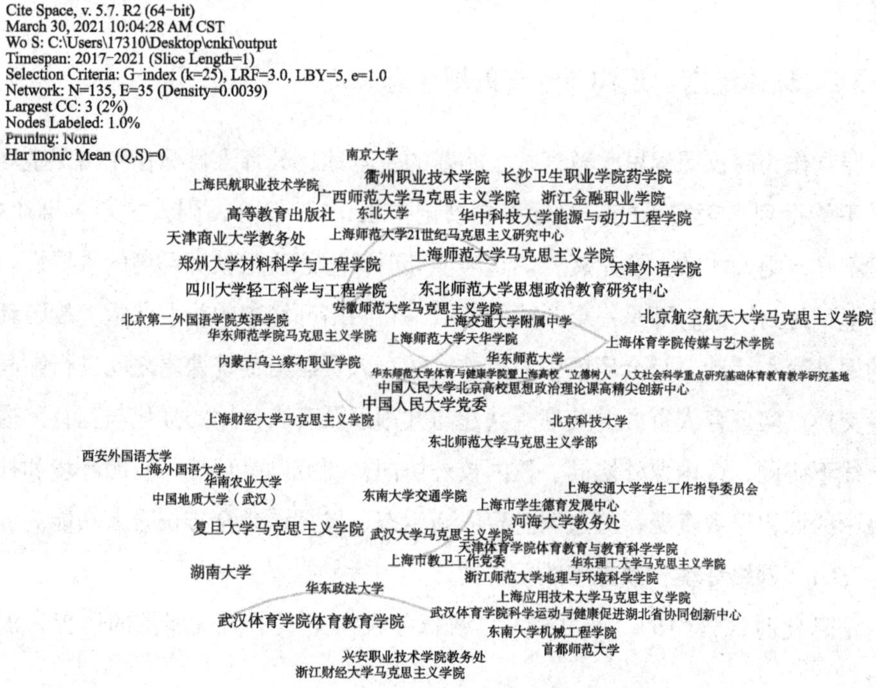

图3-2　研究机构合作网络图谱

第三，从研究机构的合作方面来看，上海合作的高校居多。一方面，上海本地区内高校之间的合作，如上海师范大学与华东师范大学；另一方面其他地区高校与上海高校之间的合作，例如，上海师范大学与东北师范大学。与此同时，我们发现发文量比较多的地区，其合作的数量也非常高，可见，合作交流对研究效果具有积极促进作用，因此，机构之间应当加强合作与交流。

可以看出，近几年课程思政为关键词的学术成果呈井喷式持续增长，该领域引起了我国学者的高度关注，其中不乏大量的一线教学工作人员，丰富的研究成果为课程思政的教育教学实践提供了有力的理论指导与学术支撑，促使课程思政建设迅速在全国各大高校展开实践探索。然而，随着课程思政建设 2.0 时代的到来，研究者与研究机构之间需要加强合作，深入挖掘课程思政发展的内在机理，为课程思政的高质量发展提供学理支撑和持续动力。

综上所述，高校课程思政建设应当坚持教育主体、受教育主体和研究主体之间的协同推进，以研究主体的学术成果为导向，通过师生主体的和谐交往和良性互动，才能充分发挥课程思政主体能动性的最大化，促进高校课程思政的全面推进。

3.2 环体维度：重构课堂育人新生态

课堂作为高校课程思政教育教学实践的主阵地，其育人目标在脱离课堂环境下是不能得到完美实现的，习近平总书记指出，“环境好，则人才聚、事业兴；环境不好，则人才散、事业衰”[1]。这表明新时代思想政治教育环境的重要性。课堂环境不是封闭的，而是一个开放的场域，将网络环境中的线上课堂，校园环境中的课外育人活动，社会环境中的校外实践育人资源与传统课堂之间进行空间的能量交换，实现育人资源的共享、共建与共用以及育人作用的强化与互补，通过线上线下协同、课内课外协同、校内校外协同，研究网络环境、校园环境和社会环境中的课程思政资源，打造课堂育人新生态、发挥课堂全方位育人功能。

3.2.1 网络环境：线上与线下协同

信息化时代催生的“互联网 +”教育，大大拓展了传统课堂的边界，混合

---

[1] 习近平 . 习近平谈治国理政 [M]. 北京 : 外文出版社 ,2014:61.

式教学、SOPC课程、线上课程、在线课堂、翻转课堂等各类课堂应运而生，随着互联网与各领域的紧密结合，在线课程思政应引起足够的重视[1]。随着在线课堂逐渐发展成为一种重要的课堂形式，增强在线课堂与传统课堂的协同育人势在必行。在线课堂环境与传统课堂环境的协同是指课程思政要构建现实和虚拟相互结合的思想政治教育环境，该环境具有一定的开放性、对话性和协商性等特征。

课程思政的在线课堂与传统课堂是一种相辅相成的辩证关系，两者相互联系但又存在差异，理解在线课堂与传统课堂之间的育人关系能够有效提升课程思政的针对性与实效性。在线课堂由于其处于特定的虚拟网络空间环境，与传统课堂环境不同，具有自身的典型特征，学生与教师的交互性变得更强，通过设置一些开放性问题，让学生充分思考讨论并时时上传到云端，其特定的问答方式满足了一部分在传统课堂上不能很好地展示自己想法同学的表达需要，对教师而言应熟练掌握线上教学平台的使用方法，并能灵活运用各种课堂教学过程及结果的分析工具，充分利用数据的教学反馈功能不断优化教学策略，依托网络上的便捷学习资源给学生提供更多学习的选择，学生在网络平台学习的主体性发挥得更为充分，可以根据自己的学习效果对难点自行学习，有更多的网络学习资源可以进行拓展。就课程思政的传统课堂与在线课堂而言，两者依然存在本质的贯通性，教育的主体和对象均为教师和学生，对教师的专业知识和课程思政能力都有一定的要求，教师也需要掌握学生的思想发展状况，学生的主体性意识都有所提升，教师应在课程思政过程中引导学生加强思想理论的自我教育。

传统课堂思政是在线课堂思政的基础与前提，传统课堂思政基于实体物理空间，而在线课堂思政则基于虚拟网络空间，如何处理好虚拟空间课堂与现实空间课堂的关系是线上、线下课堂协同发展的关键。首先，线上课程思政不能脱离线下课程思政的理论基础与实践经验，线上课程思政如果脱离了线下课程思政就如同无本之木，难以达到协同育人、共同发展的目的。其次，线上课程思政是线下课程思政的延伸与拓展，通过线上线下混合教学方式强化学生互动，启迪学生的思维，线上课程思政依靠互联网技术信息的丰富性更容易激发受教育对象的学习

[1] 康菲．“互联网+”背景下的课程思政建设[J]. 中学政治教学参考，2021（35）:67-68.

主动性，受教育对象主动接受教育内容，积极展开自我教育，并且进行二次传播，这个过程在一定程度上反映了课程思政的教育效果，这种方式从侧面增强了教育者与受教育者之间的互动，具有更高的时效性，而且对于线下课程思政具有一定的导向作用，从而促进线下课程思政的发展，达到线上线下课程思政相辅相成协同育人效果。网络学习资源素材的丰富性可以从多维度引导教育对象树立正确的世界观、人生观、价值观，与此同时，线上课程思政拓展了线下课程思政教育的方法，传统课堂相较于在线课堂教育过程有教育者对受教育者思想反应的滞后性，而在线课堂的时效性及快捷性使二者之间的时差能够有效地消除，最后，实现思政教育在线课堂与传统课堂的高效协同。数字化时代，课程思政建设应当抓好线上课程思政与线下课程思政之间的协同，融合时代元素，在继承、发扬和创新的路上不断推进课程思政建设。

在“互联网＋教育”背景下，以教师为主导，以学生为主体的教学理念在网络教学过程中得以充分实现，从传统课堂与在线课堂的课程思政育人实践中可以看出，教学不是以教师为中心，而是由教师与学生共创生成复杂的课堂。首先，传统课堂坚持以学生为主体，教师为主导，努力在完成知识传授的同时培养学生坚定健康的人格，有效为学生解惑，使之成为社会的有用和可用之才，在传统的实体课堂环境中，教师与学生之间相互作用，相互影响；其次，在线课堂更加凸显学生的主体性，教师以引导为主，教师通过广泛搜集各类学习资源，依托网络平台推送给学生，学生根据自己的需求进行选择性学习，迎合了学生碎片化学习的习惯，在讨论、作业、案例等环节有机地融入思想政治教育元素，在一定程度上能有效提升学生学习的热情，及时解决学生当下的思想疑难困惑，增强学生在课堂上的参与感与获得感，加深了师生之间的情感交流。网络教学平台依据得到的教学过程及互动数据通过处理量化，将计算结果形成预警和教学反馈信息传递给教师和学生，以帮助学生改进学习方法，促进教师调整课程思政教学设计方案。结合课程教学目标中的知识与技能、过程与方法、情感态度与价值观，综合数据信息的反馈，通过精心设计的线上课程思政与线下课程思政，努力将学生培养成能担当强国使命的时代新人。

3.2.2 校园环境：课上与课下协同

要激活课堂和校园内的各类育人资源，校园内的各类文化活动和设施建设，营造良好的育人生态。一方面，通过校园文化活动，打破课上课下的边界，彰显大思政育人理念；另一方面，结合校园设施建设，贯彻新发展理念，强化课堂思政效果。正如马克思与恩格斯所指出的“人创造环境，同样，环境也创造人”。大学校园环境对课程思政建设具有重要的隐性促进作用。

一方面，将校园设施的育人资源融入课堂思政。校园作为学生日常活动的主要场所，校园中的建筑、草木、设施对学生成长均具有重要的影响作用。校园建筑应彰显文化底蕴，正如阿莫斯·拉普卜特所指出的那样，对于建筑物的设计，应该基于人性的理解，能够匹合人性，益于人性[1]。校区环境改善，部分设施建设成了现代大学的标配，使校园硬件设备焕然一新，然而当前，除了部分百年名校校园环境富有特色外，很多高校的建筑风格相似、单一，高校对育人理念、精神内涵的系统研究不到位，导致校园硬件的思政育人效果不理想，应当注重传统殿堂式图书馆、中西合璧的红楼等建筑的文化育人作用，挖掘其内在的育人价值。合理编制校园规划，将中国传统文化中的整体观和生态观融入校园生态文明建设，形成审美育人景观，在“景观”中沉淀无须言语的“道”，从而经由景观，便可悟“道”，从道中来，由道中去，使学生在悟“道”的过程中生出自身的“理”，涵养学生的创新发展理念。加强学校的数字化建设，无线网络全覆盖；贯彻共享理念，创新校园内的共享单车、共享图书等机制建设；提倡绿色环保，更新分类垃圾桶，宣传垃圾分类，建设实验室有害废物处理专用设备。此外，重视学校的校史馆建设，学校的校训，办学宗旨应当融入学校的整体建设中；加强特色类院校的博物馆建设，地质类院校应当发挥学校地质博物馆的育人作用。经视觉系统的处理，使校园设施承载的价值理念深入学生内心，由外而内，为课程思政建设打下基石。

另一方面，将校园文化和实践活动的育人资源融入课堂思政。丰富的校园文化活动和学生实践中孕育着大量的育人资源，学生的校园活动过程是课堂育人的有效补充[2]。校园活动应当紧紧围绕学生，回应学生关切，满足学生思想多元化

---

[1] 阿摩斯·拉普卜特．文化特性与建筑设计 [M]. 常青，等译．北京：中国建筑工业出版社，2004:1.

[2] 张妍妍，高强．高职院校校园文化活动育人体系构建研究 [J]. 教育理论与实践 ,2018,38（24）:24–25.

需求，培育学生审美力，丰富学生精神世界，无声无息地传递课程思政理念，发挥校园环境思政育人功能。结合校内的实习实践活动，强化学生的工匠精神和劳动教育；定期举办学术讲座，使学生能延展知识体系，拓展思维边界，紧跟时代前沿，把握行业发展趋势；积极组织国际交流大会，培养学生的国际视野，树立全球思维，增强人类关怀；在建党、建国周年，抗美援朝、抗日战争胜利等纪念日开展活动，让学生铭记历史，以史为鉴，以史增信；发挥学生团的作用，结合热点话题，将冬奥会精神、女足精神发扬光大，在世界地球日呼吁学生爱护环境，爱护地球；邀请校友返回母校做报告，激励学生如何在服务国家战略中实现自我人生理想。

3.2.3 社会环境：校内与校外协同

要联结课堂和社会环境中的育人资源，采用“请进来”和“走出去”的协同模式，一方面，把行业精英邀请到课堂上传经送宝，深化交流，榜样示范；另一方面，通过实习实践，带领学生走出去，深入社会，认真调研，把论文写在祖国的大地上，打破课堂内外的围墙，与社会形成良性互动。

一方面，行业精英请进课堂。专业课程应依托自身的特色行业背景，发挥行业精英的育人作用，打通学校人才培养与社会育人资源的共享对接，在多元互动中挖掘社会发展过程中更多的育人资源，实现协同全方位育人。例如，可以邀请优秀校友、劳动模范、知名企业家、大国工匠、跨国公司经理等具有丰富人生经历和职场行业经验的不同嘉宾给学生在榜样示范中分享成长经验、分析行业发展态势，引导学生树立正确的职业观。在这个过程中，可以结合具体的课程内容，开展与行业领域专业人才更为深入的沟通与交流，例如，在“大学生职业生涯规划”课程中，可以把学生分成小组，进行一次现场的生涯人物访谈的真实专访活动，在访谈活动开始前，教师指导学生做好访谈提纲，强调注意事项，并对访谈内容进行审定，使学生与行业精英的沟通交流更为有效，大大调动了学生学习的积极性与主动性。通过亲身访谈，课程思政的育人主体从教师单个人拓展到学生与行业精英等多主体的协同育人，学生从嘉宾的成长经历与工作历程中得到启示，课程思政的抽象概念变得具体而感人，不但加深了对课堂知识的理解，也对自己未来的职业世界有了更加具体真实直观的认识。

另一方面，大学生参与社会实践。高校课程思政建设要坚持理论与实践相结合，重视人、环境、教育三者间的协同，将学校小课堂拓展为社会大课堂，打通课堂内和课堂外的“立交桥”，通过教学实践，带领学生走出去，深入社会，认真调研，实现思想引领在校内外全域的贯通。例如，在西南大学的“中国近代史”课程中，非常注重课堂教学与实践体验相结合，充分发挥重庆，特别是学校所在的北碚地区丰富的近代历史资源，组织学生前往红岩革命纪念馆、歌乐山烈士陵园等历史遗址和各类历史博物馆进行历史现场研学，让学生在实践体验中得到思想的升华，心灵的涤荡，激发学生的爱国情和报国志。与此同时，引导和带领学生持续开展课外历史文化项目。在“红色印记寻访项目”中，结合“近史经典阅读项目”，让学生阅读推荐的近代史的经典文献，读原文、学原著，感受和领悟先辈们人格的魅力和思想的力量，运用假期社会实践，先后开展了红色遗址寻访、侵华日军无差别轰炸遗址寻访、名人旧居寻访等。在“近代家史记录项目”中，不仅让学生在课程学习中把握近代中国的社会变迁，也让学生深刻了解自己家庭在近代社会的命运变化，每位学生在学习近代史的同时，完成对自己家史的调查和记录，在家史的调查和记录中深化对中国近代社会变迁的认识。通过学生实践以及对红色文化的感悟，培养了学生爱党爱国爱家的家国情怀，使学生深刻认识到中华民族伟大复兴的历史意义，强化了使命担当。

3.3　载体维度：打造育人课程新体系

课程是思想政治教育的重要载体，在课程思政建设过程中，要打破各类课程在育人过程中各自为政、育人效果效率低下的局面，减少育人资源的浪费或重复现象对课程思政可持续发展的负面影响，着力构建以思政课程为引领、各类课程横向贯通、大中小学课程思政纵向衔接的“一横一纵一引领”的课程体系，全面推进高校课程思政的高质量建设。

3.3.1　课程思政与思政课程协同

习近平总书记在学校思想政治理论课教师座谈会上指出，要完善课程体系，解决好各类课程和思想政治理论课相互配合的问题。[1] 课程思政与思政课程二者

[1] 习近平 . 用新时代中国特色社会主义思想铸魂育人 贯彻党的教育方针落实立德树人根本任务 [N]. 人民日报 ,2019-03-19（1）.

的核心都是育人，但又各有不同的侧重，其本质联系体现在任务和目标具有共同性，方向和功能具有一致性，内容和要求具有契合性；其不同侧重体现在思政的内容、课程的地位、课程的特点和思政的优势等方面。[1]思政课程与课程思政都承担着高校育人的重要使命，思政课程在立德树人过程中要发挥示范引领作用，课程思政应彰显其重要的深化和协同作用。思政课程是系统化、规范化的马克思主义理论教育，是培养学生养成正确的世界观、人生观和价值观的主干核心课程，其本质是凭借各类课程为载体开展的思想政治教育工作，思政课程与课程思政之间的协同则强调要以思政课程为引领，以课程思政为拓展和深化，两者相互配合，各司其职（见图 3-3）。因此，构建思政课程与课程思政协同联动机制，建设以思政课程为引领课程思政为特点的大思政体系，从而实现高等教育立德树人的高质量人才培养目标。

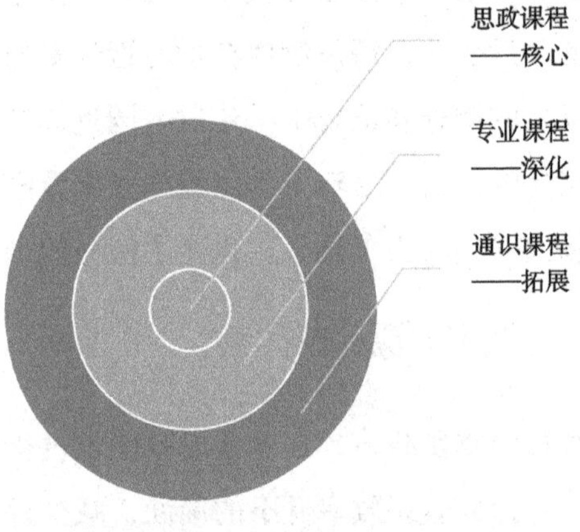

图3-3　不同类别课程的育人功能定位

（1）在引领与协同中实现功能互补

思政课程是高校课程体系中思想政治教育的显性必修课程，其中涵盖了马克思主义基本原理和马克思主义中国化的最新理论成果，思政课程侧重于对马克思主义理论体系开展系统化讲授，是显性的思想政治教育，其授课对象为所有学生。思政课程之外的其他专业课程、通识课程等，依托自身的知识特

[1] 石书臣．正确把握“课程思政”与思政课程的关系 [J]. 思想理论教育 ,2018（11）:57-61.

点，挖掘思政育人元素，以实现思想政治教育目标的课程。其中，专业课程主要是针对部分学生培养学生的专业知识技能，通识课注重对学科专业整体理解的培养。在课程思政建设过程中，思政课程发挥育人引领的功能，是旗帜、也是方向，其他课程发挥课程育人重要的协同功能，共同服务于立德树人的高校育人总目标。思想政治理论课程教师在课程思政建设过程中具有重要的价值引领职能，既要着力增强思政课教师价值引领角色的示范能力，也要加强理论业务的学习提升。一方面，思想政治理论课教师具有高度的思想政治教育教学的敏感性，具备将社会热点、学生关切等内容迅速转化为思想政治教育教学资源，通过设立讨论话题，引导学生运用马克思主义方法论进行深入辨析，因此，思政课教师能有效引导非思政课教师充分挖掘专业课程知识体系中所蕴含的思想政治教育资源；另一方面，不断深化对思想政治教育理论体系的研究，提升理论素养，通过不断学习，打牢马克思主义理论根基，增强教育教学实践运用能力，以渊博的马克思主义理论学识为非思政课教师开展专业课程思政的教育教学改革实践提供理论支撑。

（2）在显性与隐性结合中实现方法协同

习近平总书记在学校思想政治理论课教师座谈会上强调，要坚持显性教育和隐性教育相统一，挖掘其他课程和教学方式中蕴含的思想政治教育资源，实现全员、全程、全方位育人。[1]发挥课程思政的显性与隐性的协同育人功能，在显性教育中打牢理论根基，在隐性教育中增强学生的价值认同。作为两种相互独立又相互影响的育人功能，课程思政要在实践中实现协同，需要厘清二者之间的辩证统一关系，显性教育与隐性教育相互强化、相互渗透且同向而行，[2]要在把握好显性教育的前提下加大隐性教育在思想政治教育上的关注与受重视程度，并挖掘其内部隐性资源。高校思想政治理论课程体系以显性德育为主，在以理论灌输为主的系统知识教学中少了些温度与关怀，而课程思政以隐性德育为主，以学科知识为载体，内蕴深层的育人价值。课程思政与思政课程在建设过程中，应发挥显

[1] 习近平 . 用新时代中国特色社会主义思想铸魂育人 贯彻党的教育方针落实立德树人根本任务 [N]. 人民日报 ,2019-03-19（1）.

[2] 黄建军，赵倩倩 . 高校思想政治教育显性教育和隐性教育相统一的内在逻辑与路径优化 [J]. 思想教育研究 ,2020（11）:118-122.

性德育与隐性德育的双重育人功能，只有实现二者的协同，才能取得预期的育人效果。

（3）在系统性与深入拓展性融合中实现内容互促

高校课程思政的教学体系从整体上进行设计，通过对思政课程、专业课程以及通识课程的一体化教学设计，打造“三位一体”的课程思政综合教学体系。其中，思政课程由于自身知识体系的系统化特点，应充分发挥其马克思主义理论体系系统建构的教育功能，思政课教师加强理论水平，坚持教学与科研相互促进，认真领会习近平新时代中国特色社会主义思想的深刻内涵，讲好中国故事，传播好中国声音；专业课程是对思想政治教育的深化，在教学内容上结合专业课程特点，深化课程思政的育人功能，通过在法学课程中深化学生对法治中国的认同感、使命感和责任感，在经济学课程中，在解密中国速度的同时构建中国学术话语等；通识课程是对思想政治教育的拓展，量大面广的通识课程同样承载着价值引领的使命，设计什么样的通识教育，就代表了想要培养什么样的人，挖掘并充分发挥通识课程的思想政治教育功能，优秀的教师结合更高更融通的学识和丰富的教学经验，以一种更广阔的世界观和恒定的价值观，指点学生迷津、开启学生心智，引领学生树立崇高的职业理想。

3.3.2 课程思政与专业思政协同

随着课程思政在各类课程中的全面推进，从专业人才培养目标的视角进行顶层设计，通过专业思政与课程思政的协同建设，对提升课程思政内容选择的科学性具有重要意义。教育部在印发的《关于加快建设高水平本科教育全面提高人才培养能力的意见》中强调，要加强课程思政建设必须做好整体设计，依据不同专业人才的培养特点以及专业能力的素质要求，进行科学合理的课程思政内容设计。现阶段，课程思政建设面临着专业课程群内各类课程之间缺乏协调沟通影响育人效果的问题，由于部分教学内容重复使课程对学生的吸引度和学习兴趣度降低，导致思想政治效果事倍功半。例如，关于钱深森的案例在同一专业不同的课程中被多次引用，在大学生职业指导等通识必修课、专业课中的反复使用，使学生产生思想疲劳，育人效果微乎其微。因此，只有通过专业思政与课程思政的协同建设，从专业视角统筹设计课程思政，从专业教师群组到教师个体，才能保证思想政治教育科学贯穿专业人才培养全过程，从协同视角构建以专业课程群为依托的基于专业育人目标的课程思政教育体系，对于有效发挥和增强各类课程之间的育人效果十分必要。

做好专业思政与课程思政的协同工作，首先应明确专业思政的内涵，这里的专业思政不是指专业课程的思想政治教育，而是指从更宏观的专业领域视角出发，顶层设计各类课程的思想政治教育内容，具体表现为，从专业人才培养的视角出发，梳理学科、行业和学院的发展史，使专业思政的素材和其他各类课程思政之间无缝衔接。专业思政与课程思政的协同指的是各门课程之间的思政教育从专业思政的育人总目标出发，相互呼应，形成大思政格局，通过协同作用实现立德树人的同向同行。

协同学认为，一个大系统下的各个子系统只有在相互影响和相互配合下形成一定的合理结构，才能发挥大系统整体的功能。其中，协同效应是系统有序结构形成的内在动力和直接原因，当系统接近不稳定点或临界点时，系统涌现结构由控制其他变量行为的序参量决定，在专业思政建设系统中，教师以及课程目标是支配其他子系统的序参量。

运用协同学的理论视角对课程思政的目标设计进行分析，从专业思政出发研究课程思政系统可持续自组织状态的形成，需要具备一定的内外部环境和条件，不但需要在专业育人总目标维度统筹协调，还需要在课程设计、课堂教学中实践协同。

一方面，从专业育人目标出发，科学设置各门课程和每节课堂教学的育人标准。课程思政系统运行过程中，科学合理的教学标准和育人目标具有稳定器的作用。如果人才目标从一开始就从专业层面统筹、协同并制订各类课程的思想政治教育目标，引导不同学科教师的课程思政教学设计，那么，这类专业的教师将会形成自组织形态的良性循环；反之，如果专业人才培养没有相应的不同类课程的课程思政教育标准，那么，不同类课程的教师，由于缺乏统一的教学目标，则可能依据各自的理解开展课程思政，从而因缺乏协同的形成而影响育人效果。同样的道理，就每堂课程而言，仍需要结合专业育人的目标和课程的总目标，精心设计每堂课程的育人分目标，实现目标从课堂、课程到专业的协同（见图 3-4）。

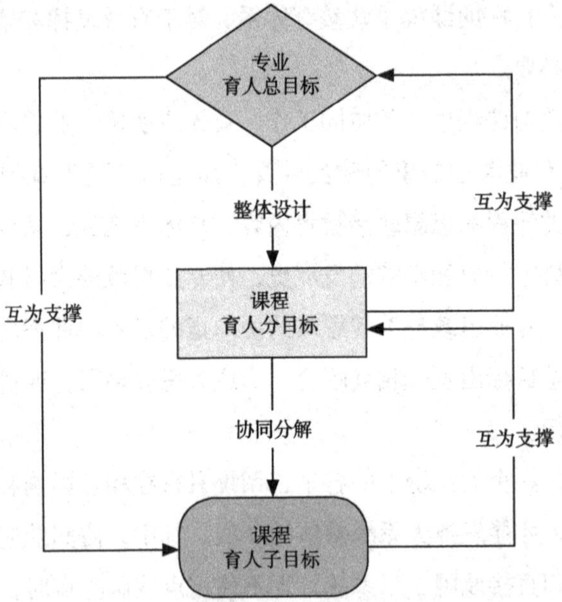

图3-4　专业思政视角下课程目标设计思路

另一方面，从专业的知识特点出发，科学挖掘各门课程的思想政治教育元素。遵循不同学科专业的育人目标特点，例如，文学类必须结合专业知识教育引导学生深刻理解社会主义核心价值观，自觉弘扬中华优秀传统文化、革命文化、社会主义先进文化；经济学类专业引导学生深入社会实践、关注现实问题，培育学生经世济民、诚信服务、德法兼修的职业素养等，理解不同课程的学科背景，坚持以课程的知识点为基础，有机融入，科学规划，统筹推进。例如，大学生职业指导课应侧重从职业发展的视角挖掘与职业道德与职业目标相关的育人资源等。高校教师在认识上和行动上都应当保持高度协同。认识上，高度重视，树立课程思政意识，明确专业思政目标的具体内容；行动上，各类课程之间应定期开展研讨、备课和多种形式的交流活动，实现总目标一致、资源共享、信息互通，而且要针对所有班级课程开展富有创新创造力的交流。在这个过程中，应注意育人内容与课程知识点增减的辩证法问题，应合理挖掘和融入育人内容，使二者达到互相促进、互相协作的最佳效果。

3.3.3　大中小学课程思政协同

习近平总书记在学校思想政治理论课教师座谈会上指出，要把统筹推进大中小学思政课一体化建设作为一项重要工程，推动思政课内涵式发展[1]。当前就大中小学各阶段学生的认知特点和接受机理的研究还不够充分，对学生身心发展特点相适应的课程思政目标内容不够系统，贯穿全学段的研究成果还比较少，研究大中小学课程思政的协同路径具有重要的现实意义。

（1）内涵与意义

大中小学课程思政协同是指在顶层设计框架下，根据课程思政的总体目标和不同学习阶段的目标要求，科学构建和合理优化各级各类学校各个课程体系，合理确定课程的设置及标准，结合各年龄阶段学生的特点，分学段有序推进课程思政，使大中小学各教育阶段的课程形成衔接紧密且螺旋上升的内容结构。

大中小学课程思政协同研究对于构建科学的育人体系具有重要意义。育人以德为先，以德为重，德是人的精神核心，只有从小在心中埋下真善美的种子，逐渐浇灌，才能在成人后不负国之使命，勇担重任。思想政治教育要遵循教育的基本规律和学生成长不同阶段的特点，让学生更容易理解，更容易感知，设计循序渐进、逐步递进的内容框架，纵向衔接，横向贯通，发挥不同学段、不同学科的育人优势，既各自守好一段渠，又不失彼此相互融通，从而提升课程思政建设的科学性与有效性。

（2）理论基础

大中小学课程思政协同必须以马克思主义为指导，以习近平新时代中国特色社会主义思想为主线，综合运用心理学和教育学等理论成果，为大中小学课程协同提供理论支撑。

皮亚杰、科尔伯格的道德发展阶段理论指出，个体道德尤其是个体认知发展具有一定的规律，在不同的阶段具有不同的特征，且具有一定的连续性，皮亚杰和科尔伯格的研究至今仍具有一定的理论意义和实践指导价值，这为大中小学课程思政的协同提供了重要的心理学理论基础。皮亚杰的道德发展理论认为，人的道德发展具有顺序性和阶段性，是一个由他律逐步走向自律，由客观责任感逐步转化为主观责任感的过程。他将儿童的道德认知分为前道德（3 岁前）、他律道

[1] 习近平 . 用新时代中国特色社会主义思想铸魂育人 贯彻党的教育方针落实立德树人根本任务 [N]. 人民日报 ,2019-03-19（1）.

德（3～7岁）、自律道德（7～12岁）三个阶段，道德规则的遵守也经历了由非强制性、服从外在法则到遵循自己的内心三个阶段。

科尔伯格的道德发展理论认为，儿童道德的成熟需要经历一个较为漫长的过程，道德的生成具有循序渐进的特征。他将儿童道德的发展分为前习俗（9岁前）、习俗（9～15岁）和后习俗（15岁以后）三个水平，惩罚与服从取向、工具性取向、好孩子取向、权威和社会秩序取向、社会契约取向、良心或原则取向六个阶段，不同水平代表个体社会道德观点的根本性转变。

皮亚杰和科尔伯格虽然对道德发展阶段的划分和关键影响因素存在差异，但是，他们都认为道德发展具有阶段性和连续性的特点，这为课程思政建设的系统性和连续性提供了有益的理论借鉴：一方面，课程思政应整体设计和统筹规划，学生的道德认知是一个连续发展的过程，从小学、中学到大学开展系统的规划与设计，尤其做好各部分内容的衔接，提升内容质量；另一方面，课程思政应遵循学生的认知特点，由于学生的道德认知具有阶段性特点，根据学生的年龄发育认知特点选择教学内容，及时调整教学策略。

认知神经学从脑科学的视角分析人们认知和行为发展规律的物理基础，认知能力发展具有年龄性的特点，是道德发展的前提，直接影响青少年的接受程度，所以，课程思政的教学内容必须符合学生的年龄阶段、教学方法选用应当遵循学生的认知发展规律，选择适合学生的认知和理解水平的实践德育材料，结合其成长特点，激发学生的积极情感，将社会的道德价值逐渐内化为个人的思想道德品格。研究发现，青少年认知发展与心理因素发展具有一定的不平衡性，青少年15岁左右在智力发展水平方面基本达到成熟的逻辑推理能力，但是，情绪调节能力、冲动控制能力和延迟满足能力等心理社会能力发展较慢，直到成年时期才会成熟，青春期阶段具有明显的冒险性、冲动性、非理性等特征，学校融入青年健康、青年犯罪等教育内容，在提高学生认知的同时锻炼其意志力。

（3）内容体系构建

习近平总书记强调，要以培养担当民族复兴大任的时代新人为着眼点，强化教育引导、实践养成、制度保障，发挥社会主义核心价值观对国民教育、精神文明创建、精神文化产品创作生产传播的引领作用，把社会主义核心价值观融入社会发展各方面，转化为人们的情感认同和行为习惯[1]。要将社会主义核心价值观与国民教育有效融合，需要教育工作者认真领会习近平新时代中国特色社会主义思想，基于大学生、中学生和小学生不同群体的认知与学习特征，遵循教育教学的科学规律，采用丰富的教学方法和教学手段，从大中小学纵向视角做好课程思政一体化设计，重视课程的价值性和系统性，使社会主义核心价值观不但进入学生的大脑，融入学生的内心，还能自觉指导自己的实践，为社会主义现代化强国建设培育合格人才。

大中小学课程思政建设是一项系统性工程，应重视整体的顶层设计，遵循学生道德发展在不同阶段的差异性特征，构建螺旋上升的、彼此间衔接紧密的知识体系。课程思政在小学阶段的内容建设开发重点应强调以道德启蒙为主，通过开展主人翁意识和少先队教育，初步理解没有共产党就没有新中国，增强学生的政治认同；通过劳动、生态和领土完整教育提升学生的国家意识，通过传统美德和文明习惯教育提高学生的文化自信，通过生命意识和基本礼仪规范培养学生健全的人格。课程思政中学阶段的建设重点应以道德认知与责任使命的形成为主，通过党的路线方针政策、共产党员的先进典型、基本国情和形势政策教育，树立学生的民族自尊心、自信心、自豪感和责任感，增强学生的政治认同；通过了解国家的历史与现状，捍卫国家主权，维护国家安全，增强历史使命感和社会责任感，提升学生的国家意识，通过培养学生作为中华民族子孙的归属感和自豪感，深入理解传统文化的深层次内涵，提高学生的文化自信；通过尊重宪法维护法律教育，树立为祖国学习的责任感和使命感，能正确规划自己的生涯发展，培养学生健全的人格。课程思政大学阶段的建设重点以思想政治素养的提升为主，通过以习近平新时代中国特色社会主义思想为核心，提高学生的思想觉悟，形成拥护党的路线方针政策的自觉性，增强学生的政治认同；通过提高国际交流合作意识及沟通能力，探讨全人类共同价值理念，深入了解构建人类命运共同体的意义，提升学生的国家意识，通过开展传统文化研究教育，引导学生将弘扬中华传统文

[1] 习近平．决胜全面建成小康社会 夺取新时代中国特色社会主义伟大胜利——在中国共产党第十九次全国代表大会上的报告 [M]. 北京：人民出版社 ,2017:42.

化、民族精神与时代精神、中国特色社会主义伟大实践紧密联系起来；通过深入认识和理解生命的价值和意义，自觉认知并践行社会主义核心价值理念，积极承担公民的责任与义务，培养学生健全的人格。

综上所述，基于协同学的高校课程思政协同机制研究，具有跨领域考察类似性以探求其内在机理的特征，其研究机制模型主要由三部分组成，其中，在教师维度，搭建以“教育主体、受教育主体与研究主体”为内容的“三位一体”教育主体模型，发挥教育共同体的育人合力；在课堂环境维度，搭建以“网络环境、校园环境、社会环境”为内容的“多维空间”教育场域，打造立体化多层次的育人环境；在课程维度，搭建以“思政课程与课程思政协同、专业思政与课程思政协同、大中小学课程思政一体化协同”为内容的“三维共进”学科协同研究模型，构建科学系统的学科育人体系；三大子机制研究间相互耦合，共同构建高校课程思政协同发展新格局（见图 3-5）。

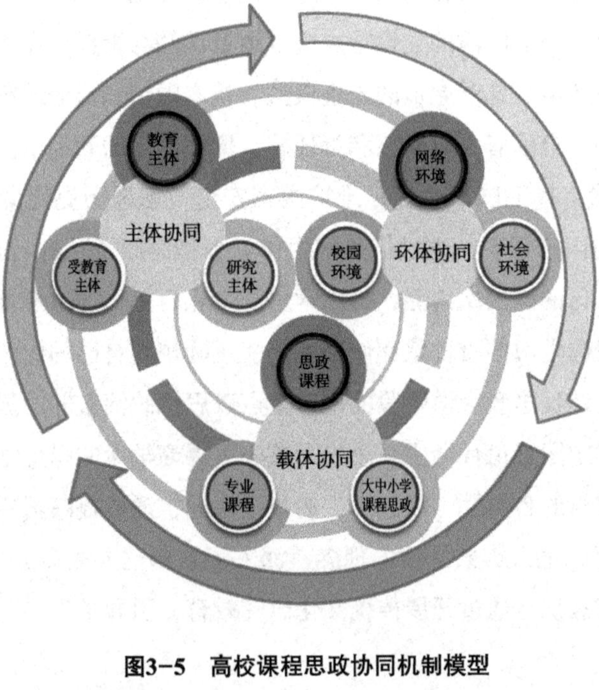

图3-5　高校课程思政协同机制模型

在课程思政主体维度，其一，关于作为教育主体教师的课程思政素养提升长效机制依然有待深入研究，打造高阶的有生命力的课堂，需要教师高度的政治自觉和深厚的理论素养，也需要教师的终身学习能力和创新能力，如何确保教师持续地自我提升动能，是教师主体研究的主要内容。其二，关于受教育主体视角下课程思政内容和方法的创新研究有待加强，课程思政建设只有观照学生主体的学习规律和价值需求，才能精准施教，实现教育的高效供给，提高育人效果，然而，当前以受教育主体为研究视角的文献不多，亟须深入开展研究。其三，关于研究主体的合作网络探索有待加强。从文献计量关于作者和机构的发文数量和可视化的合作网络图谱的综合分析中，我们发现研究主体的合作程度与研究成果的产出量之间的关系呈正相关，面对当前无论是作者合作还是机构合作都不太高的研究现状，推进研究主体间的合作研究意义重大。因此，从多个主体视角加强深化研究的同时，我们应认真分析各主体间的逻辑辩证关系，注重教育共同体的协同发展研究。

在课程思政环体维度，重视网络环境中在线课堂与传统课堂的协同，新媒体时代，充分发挥“互联网 + 教育”优势，探索育人新模式；联结校园环境文化活动和景观设施育人资源，拓展教学育人空间，有效利用课外资源，形成良性互动；挖掘社会环境中的各类与课堂育人相关的思想政治教育资源，打造教学育人新生态。

在课程维度方面，其一，继续加强思想政治理论课的价值引领功能研究，课程思政视角下的高校思想政治理论课建设研究要凸显理论性、政治性、学术性、示范性和高阶性，深化学理探究的同时，充分发挥其政治引领作用；其二，加强专业思政视角下各类课程思想政治教育元素的横向协同设计研究，充分发挥人文社科类课程育人的浸润功能、自然科学类课程育人的深化功能和专业课育人的拓展功能，强化不同专业课程思政的分类研究，以指导课程思政全面推进的多元化需求；其三，重视大、中、小学课程思政一体化建设研究，随着高校课程思政建设的全面推进，加强大学和中小学教材建设、教学过程的系统化研究，尊重学生成长规律，聚焦个体差异，靶向精准施教，提升育人效果。

第四章　高校课程思政的施教机制

良好的施教机制是实现高校课程思政育人的规范化、科学化和常态化的重要基础，为课程思政全面推进提供重要的实施方案。本研究从思想政治教育学的视角出发，围绕思想政治教育的主体——教师、思想政治教育的载体——课程、思想政治教育的环体——课堂，分别重点探讨了教师能力的提升、课程设计的模式和课堂育人的路径，以期为课程思政的实践推进提供理论指导。

4.1　教师能力的提升

《高等学校课程思政建设指导纲要》指出，全面推进课程思政建设要构建全员育人、全程育人、全方位育人大格局，而教师队伍是“主力军”。目前，各大高校的课程思政建设全面推进，对教师课程思政素养能力的要求也有所提高，因而，学者对课程思政教师的研究不断提高，关于教师课程思政素养的研究，何润等[1]学者认为，由于高校专业的分化导致教师缺乏思想政治教育的专业素养，课程思政能力不足，因此，提出加强课程思政职前教育和继续教育以深化专业课教师对课程思政的认识；刘侣萍[2]提出思政课教师应当积极推动跨学科教学科研合作、搭建课程思政建设工作平台；孙广俊等[3]学者通过对课程思政的研究与分析，认为不仅要深化高校教师课程思政的育人意识，而且要引导教师更好地承担

[1] 何润，陈理宣．试析高校专业课教师课程思政能力的提升进路 [J]. 学校党建与思想教育，2021（18）：63- 65．

[2] 刘侣萍．思政课教师引领课程思政建设的优势与途径 [J]. 学校党建与思想教育，2021（17）：75-77.

[3] 孙广俊，李鸿晶，陆伟东，等．高校课程思政的价值蕴涵、育人优势与实践路径 [J]. 江苏高教，2021（9）：115-120.

其成为学生健康成长的引路人的责任；王丽等[1]学者对不同学科、不同学校教师进行了对比，提出要提升教师的课程思政认知和增强教师课程思政实施的能力。

结合现有学者的研究发现，对高校课程思政教师问题的研究多围绕加强师资培训以提升教师自身课程思政意识和素养而展开，但并未对影响课程思政教师综合素养提升的多种影响因素进行系统探讨，基于此，本研究采用定性比较分析法（qualitative comparative analysis,QCA），基于组态视角，剖析多种因素对教师课程思政核心素养问题的综合影响，从而提出教师课程思政核心素养提升的多重优化路径。

4.1.1 数据来源及 QCA 研究方法

为保证指标体系的科学性，选取课程思政相关领域专家学者 25 名，其中包括教授 7 名，副教授 7 名，博士生 11 名，采用电子邮件或者当面提交的方式进行了问卷调查，最终确定了影响高校教师课程思政素养能力的 8 个指标。在案例选择方面，综合考虑年龄、职称和能力差异的不同案例，通过问卷调查和访谈相结合的方式，对 8 个典型教师案例进行了深入调研。

通过研读文献和专家调研，笔者明确了影响高校教师课程思政素养能力的主要因素（见图 4-1）。其中，按一级指标分为：政治素养、专业素养、课程思政实践能力和反思创新能力；按二级指标分为：课程思政意识、政治素养、专业素养、终身学习持续发展能力、思政元素挖掘能力、思政元素有机融入能力、反思迭代深化能力和合作创新能力。

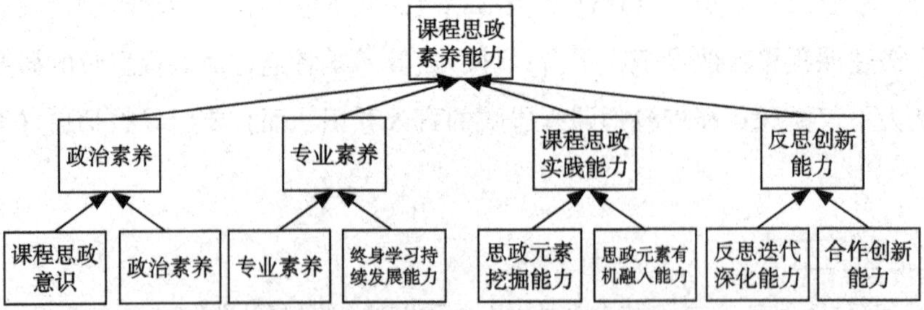

图4-1 课程思政素养能力的主要影响因素

---

[1] 王丽，李雪，刘炎欣，等．高校教师“课程思政”意识与能力现状的调查分析及建议[J]. 高教探索，2021（9）:67-74.

本研究对各因素进行了权重计算及一致性检验，结合层次结构模型和专家打分，构造判断矩阵，同级别的各元素对于上一级别中某一素养能力的重要性进行两两比较，并进行一致性检验。经过计算可以得出，一致性检验系数均满足研究的需要（见表 4-1）。本研究运用 QCA 方法，基于已有的研究基础，通过组态方式，对现有的典型案例进行深入研究与剖析，关注多方因素对教师课程思政核心素养问题的综合影响，提出教师课程思政核心素养提升的优化路径，QCA 方法对于课程思政教师核心素养能力成因具有较高的适切性。

表4-1　各因素权重系数一览表

序号	课程思政意识	政治素养	专业素养	终身学习持续发展能力	思政元素挖掘能力	思政元素有机融入能力	反思迭代深化能力	合作创新能力	课程思政素养能力
1	0.2780	0.1980	0.2489	0.1206	0.2098	0.2466	0.0365	0.0450	0.2125
2	0.1722	0.1511	0.1923	0.1075	0.2024	0.0524	0.1526	0.0575	0.1258
3	0.0850	0.1310	0.1146	0.1056	0.1396	0.0648	0.1526	0.1356	0.1254
4	0.1204	0.0751	0.0856	0.1435	0.1396	0.1658	0.1321	0.1475	0.1223
5	0.1204	0.0412	0.0812	0.1005	0.1010	0.1062	0.1357	0.0575	0.0846
6	0.0138	0.1712	0.0812	0.1479	0.1010	0.1478	0.1158	0.1758	0.1401
7	0.1051	0.1162	0.1012	0.0612	0.0525	0.0612	0.1686	0.1476	0.0698
8	0.1051	0.1162	0.0950	0.2132	0.0541	0.1553	0.1061	0.2335	0.1195

4.1.2　因素变量及单项因素分析

（1）因素变量的选择与赋值

第一，课程思政意识。《高等学校课程思政建设指导纲要》明确提出要提升教师的课程思政建设意识，习近平总书记曾多次强调教师育人工作的重要性，强调要坚持把立德树人作为中心环节，把思想政治工作贯穿教育教学全过程，实现全程育人、全方位育人。因此，课程思政建设过程中应当首先从教师意识层面出发，考察教师是否具备开展课程思政建设的主动意识[1]。赋值原则具体表现为，当教师从课程思政的视角，重构教学方案，并在教学实施过程中积极融入思政元素时，以期实现对学生的价值引领，则认为该教师具有良好的课程思政意识，将变量赋值为“1”；否则，将变量赋值为“0”（见表 4-2）。

[1] 张驰 . 教师的课程思政建设意识及其培育 [J]. 思想理论教育 ,2020（9）: 71-76.

第二，政治素养。政治素养是课程思政建设的必要条件，教师的政治素养具体包括政治方向与政治信仰。其中，正确的政治方向要求教师必须把培养社会主义建设者和接班人作为根本任务，培养一代又一代拥护中国共产党领导和社会主义制度、立志为中国特色社会主义奋斗终身的有用人才；政治信仰是对一定的政治意识形态的认同，对某种政治制度的推崇、坚信和践行[1]。赋值原则具体表现为，当教师同时具有正确的政治方向、政治信仰时，认为该教师具有良好的政治素养，则将该变量赋值为“1”；当二者不同时具备时，则将变量赋值为“0”（见表 4-2）。

第三，专业素养。教师的专业素养在推进课程思政改革进程中起着至关重要的作用，其中教师的专业素养包括教师知识、教师信念、继续学习与自我调节等，其中教师知识是核心成分。[2]赋值原则具体表现为，当教师有专业的教师知识、信念、继续学习与自我调节时，则认为该教师具有良好的专业素养，将该变量赋值为“1”；否则 1 将变量赋值为“0”（见表 4-2）。

第四，终身学习持续发展能力。在信息更替迭代飞快的时代，持续学习发展对每个社会成员特别是教师都十分必要。终身学习持续发展能力较强者，既体现了教师的研究能力，也体现了教师积极主动的程度[3]。结合徐艳伟学者的研究，从智力以及非智力两方面[4]考察研究，赋值原则具体表现为，当两方面显示该教师终身学习能力均较强时，则赋值为“1”，否则，赋值为“0”（见表 4-2）。

第五，思政元素挖掘能力。思政元素挖掘是将意识落实到实践的重要环节，要求教师不但能充分理解知识体系中思想政治教育元素的内涵，还要深刻把握课程中蕴含的德育元素。[5]赋值原则具体表现为，当教师既能从多角度充分理解课程思政中思政元素的内涵，也能准确把握蕴含的德育元素时，则赋值为“1”，否则，赋值为“0”（见表 4-2）。

---

[1] 王光明，黄蔚，吴立宝，等 . 教师核心素养和能力双螺旋结构模型 [J]. 课程·教材·教法，2019, 39（9）:132-138.

[2] 鲁小莉，李娜，鲍建生 . 解读教师专业素养——基于专家教师和教研员的视角 [J]. 基础教育，2020, 17（2）:61-67,77.

[3] 张婷 . 终身学习理念下教师教育改革 [J]. 中国教育学刊 ,2019（S1）:222-223,229.

[4] 徐艳伟 . 教师终身学习能力的一般构成要素 [J]. 中国教育技术装备 ,2008（10）:24,27.

[5] 许家烨 . 论课程思政实施中德育元素的挖掘 [J]. 思想理论教育 ,2021（1）:70-74.

第六，思政元素有机融入能力。课程思政有机融入并不是片面、强硬地将思政元素加入教学中，而是在综合考虑各课程内容性质特点，实现思政元素与学科知识如盐溶于水一样润物无声的育人效果，紧密相融，做到“因课施策”[1]。赋值原则具体表现为，当教师能做到综合考虑课程特点，渗透思政元素时，则赋值为“1”，否则，赋值为“0”（见表4-2）。

第七，反思迭代深化能力。教学反思对教师教学过程的迭代优化具有重要的意义，通过反思迭代深化能助力课程思政持续优化，反思迭代深化要求教师应全身心感知教学活动困境，不断拓宽自身经验性视域，重视在过程中进行深刻体验与反思迭代。[2]赋值原则具体表现为，当教师能按上述要求做到反思迭代深化时，则赋值为“1”，否则，赋值为“0”（见表4-2）。

第八，合作创新能力。合作创新能力要求课程思政教师同时具备沟通合作能力和科研创新能力。其中沟通合作能力是教师在与同事、学校管理者的互动中具备的能力；科研创新能力则是教师对教学科研创新的浓厚兴趣，遇到困难的主动性，寻找新视角、新技术和新流程的主动性等[3]。赋值原则具体表现为，当以上因素具备时，则认为该教师有良好的合作创新能力，赋值为“1”；否则，赋值为“0”（见表4-2）。

表4-2 课程思政教师变量的赋值及说明

一级指标	二级指标	赋值说明		赋值编码
政治素养	课程思政意识	具有课程思政意识	有意融入思政元素，以期引领学生	1
		课程思政意识欠缺	未能有意融入思政元素，以期引领学生	0
政治素养	政治素养	良好的政治素养	同时具有正确的政治方向、政治信仰	1
		政治素养不高	未同时具有正确的政治方向、政治信仰	0

[1] 蒲清平，何丽玲．高校课程思政改革的趋势、堵点、痛点、难点与应对策略[J]．新疆师范大学学报（哲学社会科学版），2021,42（5）：105-114.

[2] 敖峰，曾佳．教师教学反思的溯源性追问与深化路径——基于前反思的视角[J]．当代教育科学，2020（11）：45-51.

[3] 吕慈仙，智晓彤．“双一流”背景下高校多元科研绩效考核模式对教师创新行为的影响[J]．教育发展研究，2020,40（5）：69-76.

续表

一级指标	二级指标	赋值说明		赋值编码
专业素养	专业素养	良好的专业素养	具有良好的教师知识、教师信念、继续学习与自我调节	1
		专业素养不足	不具有教师知识、教师信念、继续学习与自我调节	0
	终身学习持续发展能力	终身学习能力较强	智力以及非智力两方面均体现出较强的终身学习能力	1
		终身学习能力较差	智力或非智力两方面未体现出较强的终身学习能力	0
课程思政实践能力	思政元素挖掘能力	思政元素挖掘能力较强	既能从多角度充分理解课程中思政元素的内涵，也能深刻把握蕴含的德育元素	1
		思政元素挖掘能力较差	不能从多角度充分理解课程中思政元素的内涵，也不能深刻把握蕴含的德育元素	0
	思政元素有机融入能力	有机融入能力较强	综合考虑课程内特点，将思政元素隐形渗透于课程	1
		有机融入能力较差	片面、强硬地将思政元素加入教学中	0
反思创新能力	反思迭代深化能力	反思迭代深化能力较强	能全身心感知教学活动困境；不断拓宽自身经验性视域；重视在过程中进行深刻的体验	1
		反思迭代深化能力较差	未能全身心感知教学活动困境；不断拓宽自身经验性视域；重视在过程中进行深刻的体验	0
	合作创新能力	合作创新能力较强	具备与同事、学校管理者良好沟通合作能力和科研创新能力	1
		合作创新能力较差	不具备与同事、学校管理者良好沟通合作能力和科研创新能力	0

第九，结果变量的选择与赋值。本研究的结果变量是高校教师课程思政素养能力的生成，结果变量的赋值依据对教师的非结构化访谈和课程思政的教学实践效果（见表4-3）。

表4-3　结果变量的赋值及说明

变量内容	赋值说明		赋值编码
教师课程思政素养能力	具备良好课程思政素养能力	通过非结构化访谈和课程思政的实践效果检验，表明该教师具备良好课程思政素养能力	1
	不具备良好课程思政素养能力	通过非结构化访谈和课程思政的实践效果检验，表明该教师未具备良好课程思政素养能力	0

（2）单项因素的充分必要性分析

八个变量一致性得分有高有低，其中课程思政意识、专业素养、思政元素挖掘能力一致性得分为 1，这说明这三个变量符合充分性条件的要求，对其结果提供一些解释力度。而思政元素挖掘能力、思政元素有机融入能力覆盖率数值均为 1，这符合必要性条件的要求。因此，对于课程思政教师素养能力影响，三个变量构成充分条件，两个变量构成必要条件（见表 4-4）。

表4-4　课程思政教师素养能力单项前因条件的必要性分析

前因条件	结果条件：课程思政素养能力		前因条件	结果条件：课程思政素养能力	
	一致性	覆盖度		一致性	覆盖度
课程思政意识	1.00	0.71	课程思政意识	0	0
政治素养	0.80	0.80	政治素养	0.20	0.33
专业素养	1.00	0.83	专业素养	0	0
思政元素挖掘能力	1.00	1.00	思政元素挖掘能力	0	0
思政元素有机融入能力	0.20	1.00	思政元素有机融入能力	0.80	0.57
反思迭代深化能力	0.60	0.75	反思迭代深化能力	0.40	0.50
终身学习持续发展能力	0.80	0.57	终身学习持续发展能力	0.20	1.00
合作创新能力	0.40	0.50	合作创新能力	0.60	0.75

依据影响教师课程思政素养能力的4个一级指标，基于csQCA的打分标准与真值表（见表4-5），将一级指标中含1的认定为具备该项能力素养，生成相应的韦恩图（见图4-2）。从图中，我们可以清晰地看到，有一位教师同时具备政治素养和专业素养；两位教师同时具备政治素养、专业素养和课程思政实践能力；三位教师同时具备政治素养、专业素养和反思创新能力；三位教师同时具备政治素养、专业素养、课程思政实践能力和反思创新能力。由此可见，教师为提升课程思政素养能力，不可依靠任一单一因素，要综合考虑多重并发因素的影响。

表4-5　课程思政教师素养能力真值表

序号	案例课程思政意识	政治素养	专业素养	终身学习持续发展能力	思政元素挖掘能力	思政元素有机融入能力	反思迭代深化能力	合作创新能力	课程思政素养能力
1	1	1	1	1	1	0	1	1	1
2	1	1	1	0	1	0	0	0	1
3	1	0	1	1	1	0	0	0	1
4	1	1	1	1	1	1	1	0	1
5	1	1	1	1	1	0	1	1	1
6	1	0	0	1	0	0	0	0	0
7	1	0	1	1	0	0	0	1	0
8	0	1	0	1	0	0	1	1	0

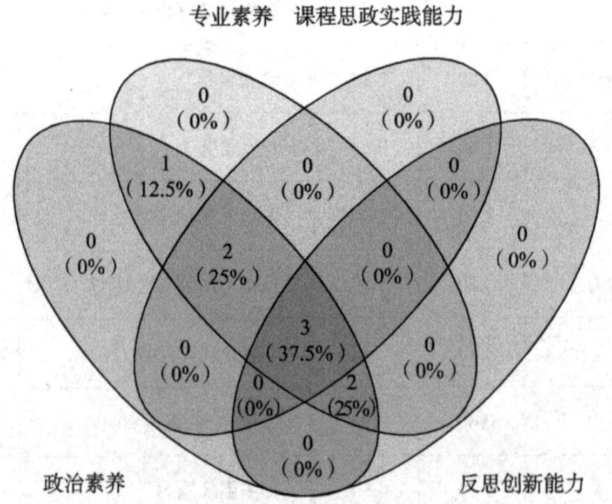

图4-2　课程思政教师素养能力韦恩图

4.1.3　教师能力提升的科学路径

在 csQCA 中，原始覆盖率是指条件组合中的单个因素对教师课程思政素养能力的提升；而唯一覆盖率是指条件组合对教师课程思政素养能力提升的解释强度。经测算，具备良好课程思政教师能力的路径有 4 条，其组合可以对课程思政教师能力案例做出解释，结果为：具备良好课程思政教师能力 = 课程思政意识 * 政治素养 * 专业素养 * 思政元素挖掘能力 * 无思政元素有机融入能力 * 无反思迭代深化能力 * 无终身学习持续发展动力 * 无合作创新能力（路径一）+ 课程思政意识 * 无政治素养 * 专业素养 * 思政元素挖掘能力 * 无思政元素有机融入能力 * 无反思迭代深化能力 * 终身学习持续发展动力 * 无合作创新能力（路径二）+ 课程思政意识 * 政治素养 * 专业素养 * 思政元素挖掘能力 * 思政元素有机融入能力 * 反思迭代深化能力 * 终身学习持续发展能力 * 无合作创新能力（路径三）+ 课程思政意识 * 政治素养 * 专业素养 * 思政元素挖掘能力 * 无思政元素有机融入能力 * 反思迭代深化能力 * 终身学习持续发展能力 * 合作创新能力（路径四）。

分析发现：第一，没有任何一条路径是影响具备良好课程思政教师能力的充分条件或必要条件，课程思政教师能力的影响因素是多重并发的。第二，经过对比可以发现，课程思政意识、专业素养、思政元素挖掘能力在每条路径中均出现。第三，比较路径三与路径四，当教师同时具备课程思政意识、政治素养、专业素养、思政元素挖掘能力、反思迭代深化能力、终身学习持续发展能力时，无论具备思政元素有机融入能力还是合作创新能力，都能使教师具备良好课程思政能力。第四，比较路径一与路径二，当其他条件相同时，无论具备政治素养还是具备终身学习能力均可使教师具备良好课程思政能力，即在这种状态下，教师若想具备良好课程思政能力，可通过保持高政治素养或高终身学习能力来达到目的。

因此，我们得出结论：第一，课程思政素养能力是否提升并非局限体现于教师主观意识，除了取决于几个决定性因素外，还会通过学生的客观表现来体现。因此，教师既要有在课程中融入思政元素的意识，又应付诸实践，关注各群体学生的特性，在面向不同群体的不同课程中有机融入课程思政，满足学生成长发展需求和期待，实现立德树人的教育目的。教师在提升自身课程思政素养能力时，不但要培养学生树立正确的人生观和价值观，不断提升自身的课程思政重构能力，还应当以身示范，认真学习习近平新时代中国特色社会主义思想，提升自身的马克思主义理论素养，为课程思政建设提供理论支撑。第二，提升教师课程思政素养能力的因素主要是课程思政意识、专业素养、思政元素挖掘能力。通过路径分析可知，课程思政意识好、专业素养高、思政元素挖掘能力强的教师多伴有高政治素养或终身学习持续发展动力，在此状态下，作为课程思政建设的主力军，教师若要提升自身课程思政素养能力，可通过提高并保持自身政治素养或培养自身终身学习能力以激发持续发展动力。还应当注意，虽然课程思政意识好、专业素养高、思政元素挖掘能力强是素养高教师的必备条件，但这并不是全部，教师若要提升自身课程思政素养能力，还应考虑政治素养或终身学习能力，以实现高校课程思政的可持续展。第三，针对提升教师课程思政素养能力，要综合考虑多重并发因素的影响。任意单一因素不能对该问题产生决定性影响，且任一因素对课程思政素养能力产生的影响力与作用力不同。不同的路径对该问题产生影响也是不同的，没有任何一条路径可以作为课程思政素养能力的充分性条件或必要性条件。因此，教师为提升自身课程思政素养能力，不能只依靠单一因素产生的影响，还要综合考虑多重并发因素的影响，多方面培养自己的综合素养与能力。

此外，高校教师课程思政综合素养能力提升的路径优化应从多个维度同时发力：第一，以学生学为中心，着力提升自身研究受教育对象的能力。高校课程思政要求教师对学生进行更为全面的研究，不仅了解其专业知识建构、学习习惯、兴趣、能力等，还要对学生的思想、态度和价值观等进行深度研究，以便于在课程思政实施过程中做到有的放矢，因材施教。第二，以立德树人为目标，着力提升教师自身的教材开发能力。课程思政设计与实施中，课程教材开发是极为重要的一环，它关系到课程思政是否可行，以及能够在多大程度上取得预期效果。课程教材设计能力的形成不仅需要教师个人积极主动摸索，在教学中不断积累经验，也需要借助思想政治教育专家、课程论专家等外部智慧。第三，以协同育人为导向，着力提升教师自身的教学与管理能力。专业课教师不仅需要营造课程思政的环境与氛围，激发学生的兴趣，更需要通过启发式、探究式、讨论式等方式，有效开展课程思政教学，引导学生思考和探究，以保证课程思政的教学效果。第四，以评促建，着力提升教师的反思评价能力。课程思政教师应善于利用评价工具，全过程评价学生的思想政治素质发展，并引导学生进行自我评价，同时，教师还需要立足专业课程和思想政治教育两个维度，对教育教学效果进行评价，以便及时改进教学工作。课程思政在实施过程中，必然会遇到不同类型的问题，而基于问题的反思，借助反思推动课程思政发展以及教师个人的发展，是极为重要的。

4.2　课堂育人的生成

新科技革命促使人类加速进入数字化时代，云计算、物联网、大数据和人工智能的发展是现代化国家建设的强大动力，新的科技成果层出不穷，与人们的生产生活密切相连，这些科技成果不但使人们的行为方式、社交方式，对社会组织和社会运行方式产生重大影响，而且对人们的思想观念和思维方式也产生了深远影响。在新科技革命带动下所产生的新产业形态和商业形式、就业形态等均创造性地推动我国各领域不断向纵深发展，这其中就包括教育领域。在“互联网 +”背景下，大规模在线课程、混合式学习等新型模式都被广泛应用，信息技术的运用可以降低教育成本，大大提高教育效率，将过去以教师讲授为主、学生被动接受知识的传统课堂向多样化转变。随着线上资源越来越丰富，课堂模式越来越多元，例如，翻转课堂、在线课堂等，为更好地发挥课程思政课堂主阵地的作用，应充分发挥各类课堂的思想政治教育功能。

4.2.1　传统课堂思政

随着信息技术与教育的深度融合，尽管出现了各种不同类型的课堂形式，但是，传统课堂依然是课程思政建设的最主要场域。课堂作为动态变化的特殊场域，具有确定性与不确定性、线性与非线性的教学生成性特征，课堂思政的生成是一个由多种要素相互作用，使学生获得生命成长的复杂动态过程。

广义的课堂思政包括课堂教学过程中主体的意识、主体的行为和主体的评价等，其具有一定的开放性、多样性及发展性特征；就狭义而言，课堂思政是指课堂教学中所发生的偶发事件、原则和策略等，具有复杂性、经验性等特征。对于不同的课堂教学情境，课堂思政的形成情况也是不同的，常见的情况包括：内生型思政和外诱型思政；显性思政和潜在思政。

课堂思政在教育教学实践中根据思想政治教育资源的来源是否来自课程教材

本身，将课堂思政分为内生型思政和外诱型思政。内生型思政是指学生在学习过程中结合自我经验，针对教师讲授的专业学科知识中的核心内容和重点难点所形成的多种不同的理解，这些理解显然已经远远超出教师的课前预期，但是其内容却是与课堂思政直接相关的解读回应，是学生对课堂思政的独特性理解和创造性思考，教师应当有效开发并高效利用这些资源，将其转化为高价值的、可持续的育人资源。外诱型思政是指与课程教材的关系不直接相关，其思想政治教育资源是由来自课堂内或者课堂外的一系列突发事件或者一些不期而至的特殊情境而引发的，教师将其积极纳入教学视野，利用这些内容与学科知识相融合对学生产生价值影响，促进学生发展。与此同时，教师同样应发挥其临场应变的能力，科学利用外诱型育人资源，助力学生全面成长。

课堂思政根据其思想政治教育的效果能否被感知和观察，可分为显性思政和潜在思政。在显性思政的教育教学实践过程中，教师、学生以及环境三者间的相互作用形成了一定的可以具体感知、了解，但事先无法预期的思想政治教育资源，其中，有的是教师与学生，学生与学生之间通过对话以及应答而产生的语言类育人资源，有的是基于一定的特殊情境而意外出现的动作、态度及表情等行为类育人资源。在潜在思政的教育教学实践过程中，虽然课堂教学产生了良好的育人效果，但是却从表面上不能进行准确地衡量和感知的育人形式资源，是在课堂教学过程中的师生关系、组织方式等各类因素作用下，对学生在学习过程中的态度和情感及价值观而产生的无形的育人资源。课堂是教师和学生共同相处的独特环境，在此空间中两者都有相互关心、支持以及彼此尊重的责任，双方之间不但存在控制与竞争，而且存在鼓励与互助，教师应当高度关注学生的认知、心理、思想、情绪、思维等的发展状态，持续地激发学生的反省、探究行为，及时正确地处理思想、政治、道德等方面的因素而产生的新资源，这些资源不但比具体授课内容更重要，而且对学生有较强的价值影响力。

高质量的课堂思政教育教学实践应当坚持教学预设与教学生成的统一，一方面，通过课堂思政教学的预设，在课程的教学目标与授课计划、教学方案中突出课程的思想政治教育功能；另一方面，通过课堂思政教学的动态生成，密切关注学生变化着的思想道德需求，作为一个完整的人的生命成长气息。

以课堂思政为导向的教学预设，更强调价值引领性、开放性，注重分析学生个体的道德经验，重视对课程育人资源的有效挖掘。其一，教学预设应坚持全面性原则。教学预设以促进学生知、情、意、行全面发展为目标，尤其强调知识的价值引领作用，教学总是伴随教育[1]，教学不但传授来源于人类文化的诸多领域的广博知识、技能、符号信息，它同时也传递价值、立场与观点，包括关于世界观的、政治的以及思想道德的基本态度。与此同时，教学预设还应当适应全体学生的发展需求，要面向全体学生，适合大部分学生发展的需要，有利于学生在课堂中的积极参与，充分发挥学习的主体作用，从而逐步形成生成性课堂育人文化。其二，教学预设应坚持开放性原则。无论从教学的内容、形式、设计，还是教学的评价，都不是封闭唯一的，而是开放多元的，给不同个性的学生提供更多维的学习方式选择并实现个人的全面发展。教学内容加强在课堂教学中联系学生生活经验和社会热点，引导学生关注生活、热爱生活，提升自己对生活世界的理解；教学形式多元化，有实践操作、专题报告、师生间互问互答、项目合作等，使学生可以自由选择，教师充分发挥引导者、组织者和合作者的作用；教学情境创设应当具有开放性、个性化，依据育人目标和学生特点，激发学生兴趣和情感，使其在积极的情感体验中，内化认知结构，养成良好的思想品质。其三，教学预设应坚持针对性原则。教学活动是由教师教与学生学构成，主要对象是学生，针对性强的教学预设是有效育人的重要保障。一方面，应科学制定学情分析，包括：学生的心理发展、知识准备、学习能力等的判断和分析；另一方面，应善于捕捉学生关注的热点话题和焦点事件，提高教学的针对性和教育的实效性。

动态生成的教学资源往往对教师触动学生精神世界具有重要作用，这也对教师课堂教学的个体智慧提出更高的要求，教学生成的途径和呈现方式不同，对师生的影响也存在很大差异，所以，教师要采用科学的方法及教学策略发挥动态生成资源的育人功能。其一，画龙点睛。动态生成资源在出现的瞬间，有时就像一条没有生机的龙，只有将其进行点睛之后才能焕发光芒，教师只有尊重学生的感悟和体验，捕捉学生的顿悟和灵感，才能让学生在课堂的动态生成中焕发灵性之美，让学生在阳光下自然成长。其二，因势利导。课堂教学过程中从学生那里涌

---

[1] 佐藤正夫．教学原理 [M]. 钟启泉，译．北京：教育科学出版社，2001:239.

现出的各种超出教师预期的想法和观点，如果教师能顺水推舟，因势利导，则能激发学生的学习热情，拓展学生的思维边界和审美情趣，所以，在课堂教学过程中，教师要及时维护和支持学生思维深处流淌出来的智慧和情感。对于课堂教学过程中出现的一些对立的观点，可以引导学生在针锋相对的辩论中，在思维碰撞、情感交流、思想交锋中澄清对真理的认知，而不是简单地进行知识结论的传授，在思辨能力的训练中提高学生的价值认同。其三，草船借箭。课堂教学中经常会出现一些与教学无关的偶发性事件，处理得当，则能与教学内容有机结合，化被动为主动，并给课堂教学添彩；处理不当，小则影响教学秩序，大则伤害学生并有损教师形象。因此，教师应对此秉持一种质朴和坚守的心态，触类旁通，从容应对，将这些干扰与意外巧妙地纳入教学内容，使之成为有益的教学资源，使教学过程灵动而充满生机，使动态生成资源成为一股源头活水，滋润学生的心灵。

4.2.2 在线课堂思政

在线课堂思政是基于网络为媒介的在线课堂而开展的育人活动，其以网络为媒介，以互联网、云计算、大数据、人工智能和物联网等信息技术为支撑所开展师生双向互动的教学活动，它是数字化时代课程思政的新型教育形态，它也是数字化技术赋能教育中非常重要的一部分。特殊时期，正常的教学活动面临前所未有的挑战：开学延迟，传统面授教学模式无法正常开展。为保证特殊时期学生的教学进度和教学质量，教育部提出各学校要充分利用网络信息技术采取线上授课模式，积极落实“停课不停学、不停教”的政策，在此背景下，在线课堂在短短一个月内迅速发展普及。在线课堂既能以钉钉、腾讯课堂等平台为载体，由教师进行课堂直播，实时与学生互动，也能采用录播方式汇集教师的授课视频，学生可以通过观看视频自主学习。相较于传统授课模式而言，在线课堂具有快速及时、受众广泛、成本低廉、可重复、可交互、个性化等特点，它打破了时间与空间的壁垒，很好地解决了特殊时期不聚集又能完成教学的教育任务。网络学习是不可逆转的趋势，在线课堂作为一种区别于传统课堂的新场域，这不仅是应对特殊时期的临时措施，也为课程思政教学改革带来了新的契机，但同时面临着诸多考验。

然而，随着在线教学应用范围不断扩大，线上教育的一些弊端也显露出来。

一方面，在基础设施和网络环境方面，《疫情下的2020年移动互联网报告》（以下简称为《报告》）指出，仅有25.3%的用户认为线上学习较面授效果更好。此外，近70%的用户认为长时间看电子设备容易导致眼睛疲劳，也有超过半数的用户认为在家学习的环境和氛围不佳，网络终端掉线的技术问题和偏远地区没有信号或信号不畅等不良现象，导致在线教学涉及的各教育阶段的学生的主观情感态度的变化，不仅影响了正常的知识传授，更无法进行在线课堂课程育人。另一方面，在线教学平台存在海量的育人资源尚未被激活，互联网的交互特性虽然被老师们引用到在线课堂中，但是，其内隐的育人价值尚未引起老师的足够重视，师生与生生交流互动的信息对课程思政教学的促进作用没有被充分发挥。

关于相关内容的研究，有学者在特殊时期通过直播的方式进行授课并开展互动交流，帮助学生理解相关知识背景，分析其发展的最新前沿进展，并引导学生保持积极的情绪，营造正向舆论，再通过相关案例的合理诠释，解答学生心中的疑惑，帮助学生树立正确的价值观，助力学生健康成长[1]。邱微等将关键知识点与工程案例相结合，隐性融入思政元素，实现在线教学与传统教学同效等质的教学育人目标[2]。谢幼如等根据教育部有关文件，面向智能时代教育信息化发展方向，提出了确定课程思政目标、重构课程思政内容、选择课程在线平台、开发课程思政资源、建设课程思政基地、开展课程思政活动、实施课程思政评价的智能时代课程思政设计方法[3]。

特殊时期面授教学无法如期开展，在这种危急情况下，在线课堂成为最优选择，但如何将在线课堂与课程思政相融合并保障学生的学习质量又成为新的难题。学生在参与课程思政线上教学过程中，网络故障、家庭环境等客观因素会导致主观情感态度的变化，从而影响学习行为。学生通过知乎等平台发表自己的观点，由此形成了小规模的舆情，在此过程中不断吸引其他人的关注、讨论，舆情

---

❶ 韩秋菊，石彤，郝国祥，等．在线教学中的课程思政教育 [J]. 中国免疫学杂志，2020,36（18）:2271-2274.

❷ 邱微，南军，刘冰峰．课程思政与在线教学的隐性融合：以“水工程施工”课程为例 [J]. 高等工程教育研究，2020（6）:57-61.

❸ 谢幼如，邱艺，黄瑜玲，等．智能时代高校课程思政的设计理论与方法 [J]. 电化教育研究，2021, 42（4）:76-84.

范围扩大。这些扩大的舆情中有更多不同身份的人站在不同角度去看待问题，学生的人生观、世界观尚未成熟，容易受到外界影响，情感态度又会发生转变。因此，以知乎平台“在线教学”话题为例，通过内容分析法，对线上教学进行研究分析，笔者认为，在线课堂思政应着力从以下四个路径进行优化：

第一，优化网络条件，关注特殊群体。课程思政线上教学以网络为核心枢纽，良好的网络条件是营造浓厚学习氛围的前提条件，也是影响学生情感态度的重要因素。在保证教学质量的同时，还需要特别关注那些偏远山区信号不好的家庭和贫困家庭，社会和学校要及时给予支持和送上温暖，让学生感受到党和国家的关怀。学校层面，应设计以网络技术为支撑的更妥善的教育方式：不仅对学生进行知识的传授，也需要帮助学生养成良好的学习习惯；增加与学生的互动机会，及时掌握学生的学习进度和困难，敏锐地观察学生思想情感态度的细微变化，及时做好学生的心理建设工作。国家层面，应加强对偏远山区的网络技术建设，保证教育的公平，让每一个学生都有参与在线课堂教学的机会。

第二，合理使用信息化产品，关爱学生健康。在线课堂教学过程中，需要长时间使用电子产品，不仅会对学生的身体健康造成损害，心理也难免会产生疲乏感。因此，学校应合理安排学生的作息时间，建立科学的教学机制，增强学生的体育锻炼，提高学生自身免疫力，使学生养成良好的用眼习惯，保持健康的精神状态和积极向上的心态[1]，教育学生关爱生命，保障身心健康。

第三，加强网络互动，把握学生思想动态。教师与学生之间的交流互动协作是构建良好的师生关系的重要基础。交互性是在线课堂的另一个优势特征，在线课堂是动态互动的，交互方式非常多样，教师可灵活调整互动方式，增强在线课堂的有趣性，提升学生学习的主体性。充分利用信息技术手段，建立舆情分析监测系统，确保第一时间获取准确的舆情及预警信息，为科学决策和有效应对舆情危机提供可靠支持。课前的预习环节，通过互动平台完成对学生疑问和感受的收集，做好学情分析，为课程思政的教学设计调整提供依据，同时，学生可以对学习资源进行自主选择，也可以根据需要自行拓展学习资源，增加生生互动，释放

---

[1] 韩秋菊，石彤，郝国祥，等. 在线教学中的课程思政教育 [J]. 中国免疫学杂志，2020,36（18）:2271-2274.

学生学习的主动性，激发学习潜能，为在线课堂思政提供持续的内在动能。课中通过手机投屏、弹幕等形式，为学生提供思想表达的各种机会，课后，依托私信、评论等功能，充分实现互动，教师要及时捕捉在线课堂动态生成过程中的各种育人资源，因势利导，实现对学生云端价值引领。

第四，激活在线资源，实现个性化育人定制需求。线上平台拥有海量的育人资源，然而，大部分被静置在那里，没有被充分开发利用，无法发挥其巨大的育人价值。这些资源形式多样，有学术前沿、报告、视频、案例等，具有不同于传统课堂的育人资源优势，因此，如果我们能合理开发运用，便能实现对学生育人的个性化服务。一方面，教师将学习资源或者平台推荐给学生，学生自行根据需要下载、整合、编码、备注优先级，使自己的学习资源系统化且个性化；另一方面，学习系统根据学生的行动轨迹，兴趣偏好和情感需求，进行订制化的学习资源和信息推送，以满足学生的持续化情感价值需求；而后学生可以把资料储存到自己的学习资料文件夹中，方便以后查阅和复习使用，使学习资源真正有效地服务于每个不同需求的学生，保证在线课堂育人的高效性和可持续性。

4.2.3　翻转课堂思政

翻转课堂思政，是指依托翻转课堂教学模式，将学习的决定权从教师转移到学生身上，教师不再单向给学生传授知识，而是采用老师学生之间和学生与学生之间深入互动，答疑解惑、合作探究的方式来完成学业，更重要的是有更多的时间与学生开展深入持久的情感交流、生涯指导和价值引领。翻转课堂从时间上颠倒了传统课堂的课上学习时间和课下作业复习时间。在课前，学生自主完成课程理论部分知识的学习，教师在课堂上不会再占用太多时间讲授理论知识，教师将课程视频和相关学习资料放到学习平台，学生通过视频完成学习，并自主选择相应的参考资料进行深度学习，在平台与同学进行互动讨论。课堂内，学生有更多的时间可以专注于针对性学习，研究本地化或全球化的挑战以及其他现实世界所面临的问题，从而获得更深层次的感悟。下课以后，学生在教师的协同下，自主制定学习规划，完成学习内容的选择、学习节奏的安排，双方选择适合他们自己风格的个性化学习方式。翻转课堂的考核方式区别于传统课堂单一的考核形式，而是结合课前学习效果、课上学习记录以及课下作业综合开展评价。在“互联网+”背景下，要促进课程思政与信息技术的深度融合，必须坚持以混合式学习作为基本的指导思想，翻转课堂思政依托传统教室的面对面的传统教学，与依托移动互联的点对点的微课教学相结合，不仅是形式上的叠加和内容上的交叉，学习主题更加广泛融合，学习形式不再固定，而是出现更灵活的移动模式，比起结果评价，翻转课堂思政更侧重于过程评价与结果评价相结合的双评价。翻转课堂在课程思政建设方面有一些明显优势：通过线上的学习和讨论，在增强学生自主学习能力的同时，教师能通过双向交互平台更好地了解学生的思想道德需求，线下有针对性地开展个性化育人辅导，激发学生学习的内在动机，坚定学生克服一切困难的自信。

翻转课堂思政做好课程设计应遵循三个原则，第一，课前设计。教师作为翻转课堂思政教学活动的策划者、设计者与组织者，先确定以学生为中心的翻转课堂教学方法，结合国家战略，行业热点，专业特点，然后指导学生组成学习小组，分配学习任务。例如，课前导读、微课、视频、教学课件、课前问卷等内容的学习，提出问题，解决自身可以解决的问题。第二，课中设计。让学生小组先行汇报学习成果，教师作为倾听者，然后作为讲授者，围绕小组讨论中存在的困惑与问题进行深入探讨、辩析与价值讨论，在互动推演中让真理入脑、入心、入行。第三，课后根据反馈对课堂思政加以优化。教师在云端打破物理空间限制，为学生提供时时指导，依托微信、钉钉等各种社交软件和教学平台，完成作品的提交，针对学生的各种学业和思想困惑进行个性化精准解答，可以满足不同学生的学习需求，通过课堂思政学生评教问卷的电子反馈为教学改进提供参考。

从翻转课堂思政教学内容的构建、教学组织、教学策略和考核评价四个方面梳理翻转课程模式下的教学模式，在基于翻转课堂教学的教学策略中，以学生为主体，采用任务驱动教学法、情境教学法、视听法、交际法等方法来开展教学，结合第二课堂的系列体验活动。教师通过合理挖掘思政知识点、搜集整理相关教学素材、在课程中充分展现新时代中国特色社会主义道路自信、理论自信、制度自信和文化自信，并通过翻转课堂这种以学生为主体的教学模式，增强学生学习积极性，拓展学生知识学习的深度和广度，激发学生的爱国主义情怀和民族担当精神，坚定他们作为新时代大学生的使命和担当，实现润物细无声的翻转课堂育人目标。

4.3 课程设计的模式

实践是马克思主义哲学的核心范畴，马克思主义认为，广义的实践包括人类一切有意识、有目的的能动活动，实践是人类社会生活的本质，人类社会的存在与发展是在生产实践的基础上并通过生产实践的发展而实现的。[1]课程思政自2016年提出以来，全国各大高校都开展了课程思政教育教学改革实践工作，积累了一定的实践经验，从宏观层面推出了多种不同的教学模式，河北大学的项目推动模式；北京联合大学的党委负责制模式，还有“网络＋课堂＋实践”三位一体教学模式、“6+模式”等。就微观层面而言，也涌现了一批优秀的课程思政实践案例，如大国系列课等，这些课程改革实践项目经过几年的探索，逐渐形成比较成熟的实践模式，有效提升了学生的思想政治教育核心素养，这些课程思政教育教学改革实践取得成功的法门何在，有何共同之处，有哪些关键要素，厘清这些问题的脉络，有助于我们凝练出课程设计的核心要素，为我国高校课程思政的实践工作提供参考和依据。基于此，笔者拟采用扎根理论的质性研究方法，结合多案例内容分析法，对文献资料进行深入分析，梳理案例成功的关键要素，构建课程设计模型，旨在从实践层面提出具体举措，使高校课程思政在现实推进中有落地、有步骤、有方法。

4.3.1 WWH 课程设计模式

为准确把握高校课程思政的研究问题，本研究采用扎根理论法，扎根理论是一种依据资料信息构建理论体系的特殊方法论[2]，弥补了理论研究和经验研究二者之间的分歧与不足，促进了研究结果的可靠性与可验证性。扎根理论通过三级编码，挖掘重要因素及其关系结构，构建因果理论模型，具体程序包括，在对收集的资料一一进行编码中逐渐生成概念，在比较资料和概念的过程中生成理论问题，不断发展概念与概念之间的联系，深入分析并开展理论性抽样，形成并建构相关理论。[3]扎根理论为课程思政的影响因素提供了一种新的研究思路借鉴，有

[1] 肖前，等 . 马克思主义哲学原理（上）[M]. 北京 : 中国人民大学出版社 ,2011:309.

[2] 科宾，施特劳斯 . 质性研究的基础形成扎根理论的程序与方法 [M]. 朱光明，译 . 重庆 : 重庆大学出版社 ,2015:1.

[3] 陈向明 . 质的研究方法与社会科学研究 [M]. 北京 : 教育科学出版社 ,2000:332.

助于提升高校课程思政理论研究的科学性。

（1）数据来源

为了保证本研究的信度与效度，案例选取涵盖十三大学科门类，来自多个地区多所高校，以上海大学课程思政案例的文本资料，清华大学课程思政案例总结的文本资料、东北大学课程思政示范课文本资料、山东省高等学校课程思政研究中心课程思政案例文本资料等为分析对象，精选了100余门课程的案例资料，本书所选取的研究资料为典型的案例文本，课程学科类别多元，具有很好的稳定性和权威性，具体案例来源见表4-6。

表4-6　课程思政具体案例来源一览表

序号	课程名称	高校名称	文本资料
1	“电路原理”等15门课	清华大学	课程思政示范课设计资料
2	“Python语言程序设计”等8门课	东北大学	课程思政示范课案例资料
3	“管理信息系统”等7门课	复旦大学	课程思政示范课案例资料
4	“博弈思维”等10门课	北京师范大学	课程思政示范课案例资料
5	“中国政府与政治”等18门课	南开大学	课程思政示范课案例资料
6	“经世济民”	上海大学	顾晓英．经世济民课程直击[M].上海：上海大学出版社,2018(4)
7	“创新中国”	上海大学	顾晓英．创新中国课程直击[M].上海：上海大学出版社,2017(7)
8	“大国方略”	上海大学	顾晓英．大国方略课程直击[M].上海：上海大学出版社,2015(8)
9	“食品化学”“水污染控制工程”“管理学”等19门课	山东省高校课程思政研究中心	王英龙，曹茂勇．课程思政我们这样设计[M].北京：清华大学出版社,2020(7)
10	“材料加工概论”“通信原理”等19门课	北京科技大学	薛庆国，臧勇．北京科技大学“课程思政”案例选编[M].北京：冶金工业出版社,2020(1)

注：因文章篇幅受限，本表仅列出了部分课程资料文本内容。

（2）影响因素模型构建

开放性编码是基于细致全面深入的分析总结，把原始的各种资料提炼为重要概念与类属的过程。[1] 为了对高校课程思政教学开发的影响因素开展深入挖掘，笔者对原始的主体资料首先进行了系统整理，通过对课程思政案例文本资料的深入分析，提炼的初始范畴有 134 个，开放性编码见表 4-7。

表4-7　开放性编码部分节选

范畴	初始概念	案例文本内容（原始资料）
思政元素	合作精神	未来医学领域一定的人机合作，而不是人机竞争
思政元素	生命关怀	医生的组成是经验、能力和情感，能够让患者感受到医生的关心，这样才是一名优秀的医生。医生的诊断是有温度的，医生可以随时和患者沟通
思政元素	创新精神	机器智能还不能做到研究新药，分析新出现的疾病，一些创新工作还需要医生挺身而出
育人目标	使命担当	把梦想放飞，把脑洞打开，让学生勇于担当民族的复兴大任
教学模式	项链模式	课程采用跨院系多学科教授联袂授课的项链模式
思政元素	理想信念；爱国主义精神；时代精神；历史思维；人类命运共同体意识	时代新人应有坚定的理想信念，时刻把个人的发展与祖国的前途命运紧紧联系在一起，时刻把个人的理想追求与国家富强和人类的发展融为一体，正确认识世界和中国的发展大势，深入掌握中国传统文化和爱国主义精神，凝结时代精神，在历史的坐标中找准定位，肩负起民族复兴、构建人类命运共同体的时代重任
育人目标	想象力；创造力；国际视野；跨学科思维	启迪学生跳出知识框架，找寻背后的道理，有效提高学生的想象力和创造力。培养国际视野，通晓最新前沿科技。课程致力于破除传统学科领域壁垒，贯通中西，融汇古今
育人目标	眼界；格局	培养有眼界、有格局和有担当的人才
实现形式	学科前沿；学术报告	讲述学科知识和前沿；作业布置包括阅读前沿专著、参加学术报告会并写出学习体会

---

[1] 贾哲敏．扎根理论在公共管理研究中的应用：方法与实践 [J]. 中国行政管理，2015（3）：90-95.

续表

范畴	初始概念	案例文本内容（原始资料）
课程开发；运行模式	以学为主；跨学科研发	课程思政的创新探索聚集于拓展课程覆盖的学科范围和以学为主的方向上
教学设计	柔性对接；独特设计	自然规律不以人的意志为转移，价值观与硬知识如何实现柔性对接，进而相得益彰；简单地将思政内容融入其中，不但效果不佳，还容易造成暗病，留下后遗症；实现教书育人的目标，需要独到的思路和独特的设计
实现方式	言传身教	教学是一个言传身教的过程。在我看来，立德树人的关键不在于言传，而在于身教。只有自己先做到认真备课、认真教学，我才能够要求学生认真学习、认真上课。——清华大学：于歆杰
教学方法	教研结合；激发学习热情	采取“教研结合”的思路，将科研前沿引入教育教学。深入把握概念，理解前沿研究，虽然听起来很难，但却可以激发学生的学习热情，让学生和我都乐在其中。——清华大学：史琳
融入方法	人工智能热点；国家战略	从当前大家普遍关注的人工智能等热点入手，阐明任何一种智能系统都是通过各种电子、光子器件实现的，而只有了解电磁场与物质相互作用的规律，才能设计出具有各种功能的器件，构建起满足实际需求的系统。课程通过潜移默化的方式，让学生们意识到自己担负着发展国产芯片、帮助中国走出“无芯之痛”的时代责任。——清华大学：黄翊东
案例法	行业发展	结合课程内容特点，介绍我国机械工业发展中的案例，培养学生严谨认真、敬业奉献的责任心和使命感

轴心编码是对开放性编码过程归纳的范畴的进一步深化，是更强概括和更高水平的范畴，旨在发现并构建范畴间的内在联系[1]。本研究通过对134个开放性编码进行分析总结，归纳出马克思主义世界观和方法论、社会主义核心价值观、学科发展、教学模式等11个副范畴，然后，基于11个副范畴，再次提炼出挖什么、从哪挖、如何融这3个主范畴（见表4-8）。

[1] 陈向明．质的研究方法与社会科学研究 [M]. 北京：教育科学出版社，2000:333-334.

表4-8　轴心编码形成的主范畴及副范畴

主范畴	副范畴	开放性范畴
挖什么？ （What）	马克思主义 世界观与方法论	辩证思维；系统论； 量变质变规律；人的本质论等
	习近平新时代中国特色社会主义思想	道路自信；理论自信；制度自信；文化自信；人类命运共同体意识；四个意识；两个维护；科技强国；勇于探索；崇尚科学；民族自信；以人民为中心；不忘初心，牢记使命；生态文明思想等
	社会主义 核心价值观	集体意识；伦理责任；合作精神；生命关怀；理想信念；爱国主义精神；时代精神； 爱党；家国情怀；正确三观；国家意识；奉献精神；社会责任；社会主义核心价值观；价值理念；担当能力；国家发展的历史责任感；国家战略；家国情怀等
	民族精神	深潜精神；建党精神；西柏坡精神；长征精神；抗美援朝精神；创新精神；担当精神；科学精神等
	做人做事的道理	感恩；爱父母；自律；自爱；自强；全球视野、人类关怀、文化视野；独立思考；创新性；政治认同；历史思维；想象力；创造力；跨学科思维；眼界；格局；正确的学习观；成才观；积极乐观；自我约束；严谨认真；批判性思维；质疑精神；积极主动的学习态度；自我实现；自我约束；严谨认真；榜样意识；知行合一；志向抱负；开拓进取；敬畏心；脚踏实地等
	社会公德与职业道德	中国梦；青春梦；服务国家战略；履职能力；职业规范；职业伦理；契约精神；精益求精；淡泊名利；无私奉献等
从哪挖？ （Where）	学科发展	发展历程；科学家；学术前沿；国家政策；校史资源；校园文化；教师团队的创新发明；榜样；乐教等
	职业特点	职业规范；职业伦理；生涯发展；职业理想；职业价值观；劳动模范；行业企业案例；七一勋章获得者；优秀校友；职业选择；责任使命等
如何融？ （How）	结合方式	结合国家战略；时事热点；“卡脖子”技术；概念产生的动机和背景；挖掘概念蕴含的哲理；学科发展史；知识的现实应用；大国成就；以身示范；经世致用；论文反映社会话题、行业发展等
	教学模式	线上线下融合；课堂讨论；研究型教学法；前沿企业嘉宾；因材施教；启发式教学等
	课程设计	教学目标、教学内容、教学方法、教学资料、教学单元的重新设计；内容具有时代感；学生主动学习；场景探究式学习等

程序化扎根理论的第三层选择性编码更为聚焦，是对上述轴心编码中分析形成的各类范畴进行更高概括的提炼，提出更具统领性的贯穿始终的核心范畴。本研究通过考察上述 11 个副范畴，持续对 3 个主范畴进行比较分析，进而提炼出“高校课程思政教学开发的影响因素”这个核心范畴加以整体概括。为探索并澄清范畴之间的内在逻辑关系，本研究通过故事线将范畴与范畴之间的关系进行了展示，即主范畴典型关系结构（见表 4-9）。

表4-9　选择性编码主范畴典型关系结构

典型关系结构	关系结构的内涵
挖什么？（What）	“挖什么”为课程设计明确了课程思政的德育目标，影响从哪挖的路径选择
从哪挖？（Where）	“从哪挖”是对课程内容体系的重新解构
如何融？（How）	“如何融”是对课程创造性生成建构过程

围绕主范畴的典型关系结构，以故事线方式呈现高校课程思政教学开发的影响因素有：高校原有的课程内容体系，经过提炼明确知识体系所承载和内隐的思想政治教育元素，以此为课程的德育目标，从学科发展和职业特点等多维路径出发予以充分挖掘，最后，从结合方式、教学模式和课程设计方面进行有机融合，实现课程教学的重构。各个因素在课程运行过程中相互影响和作用，本研究在进一步分析厘清主范畴、副范畴之间逻辑关系的基础上，建构出高校课程思政的影响因素理论模型（见图 4-3）。

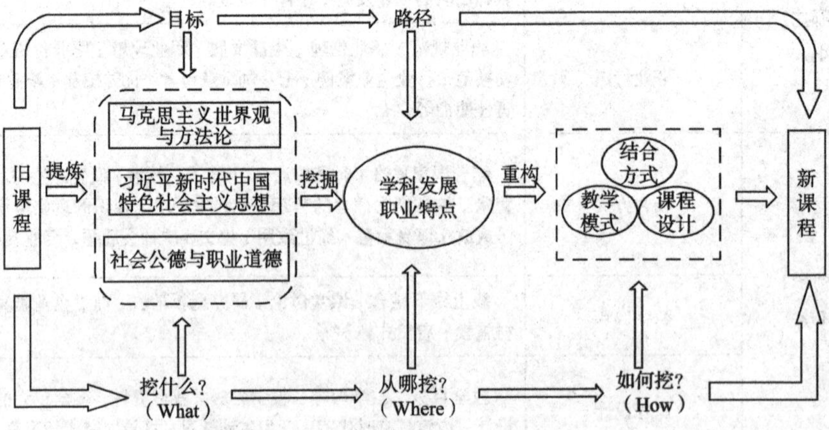

图4-3　课程思政开发的影响因素理论模型

理论饱和度检验结果达到了饱和。理论饱和是指研究者通过更多数据也不能发现新的范畴，或者说虽然有新变量，但是对概念化不会产生新的贡献。[1]本研究依据同样的编码方法，通过对40份，约1/4的预留案例文本进行分析，即理论饱和度检验，发现没有出现新概念与新范畴，而且各范畴之间的关系变化并不显著。所以，本研究所构建的高校课程思政教学开发的影响因素理论模型在理论上达到了饱和。

4.3.2　案例阐释

影响高校课程思政教学开发的因素不但数量多，而且关系错综复杂，共同影响课程思政的教学效果。在经过扎根理论的质性分析后，我们发现其主要影响因素包括思政元素（挖什么？ What）、挖掘路径（从哪挖？ Where）和有机融合（如何融？ How）。程序化扎根理论研究构建的高校课程思政影响因素理论模型为我们分析和把握课程教学的重构提供了直观参考，下面笔者将结合具体的优秀案例，详细阐述高校课程思政教学的开发过程，以期对我国高校课程思政的教育教学改革提供借鉴和参考。

（1）思政元素

课程思政理念下，“挖什么”是课程建设的逻辑前提，结合多案例内容分析研究分析，思想政治教育元素的挖掘应重点围绕马克思主义世界观与方法论、习近平新时代中国特色社会主义思想、社会主义核心价值观、民族精神、做人做事的道理、社会公德与职业道德等方面，多管齐下，全面展开，从而保证元素挖掘的充分性。

案例1：南开大学的“国际经济学”课程，结合中国经济发展成就，鼓励学生创新学术话语体系，增强制度自信，在国际化交流中提升爱国情、报国志。在讲解发展中国家对外政策时，在客观分析发展中国家经济发展的基础上，联系中国实际，阐述中国的对外开放路径，将中国40多年改革开放成功的经验与发展中国家在世界银行引导下贸易自由化和经济市场化的经验教训加以对比，强调中国实践的特殊意义，特别是对发展道路的经验总结，展示40多年改革开放的伟

[1] 科宾，施特劳斯．质性研究的基础形成扎根理论的程序与方法[M]．朱光明，译．重庆：重庆大学出版社，2015:275.

大成就，为经济发展提供“中国模式”探索，将国际经济学理论与发展中国家历史进程紧密结合，尤其是中国改革开放的进程和伟大成就，使学生勇于创新发展自己的话语体系，实现从跟跑到领跑的思维跨越。在讲解劳动力要素的跨国流动时，劳动力自由流动的福利分析中，特别强调发展中国家受国外教育人群的流动规律是先大量流出，向发达国家学习，后回到自己的国家，发展建设本国经济的历史规律，启发学生的爱国主义思想不是空泛的说教，而是反复引证历史上的客观现实，强调学成回国、报效祖国的爱国主义情感。

案例 2：东北大学的“数据科学基础”课程，结合具体应用，在大国成就中挖掘深潜精神，激励学生勇担使命。2020 年 11 月 10 日，全海深载人深潜器“奋斗者”号成功潜入海底 10 909 米，同时还能进行较长时间的系统性作业，其研制的成功彰显了中国在世界海洋技术领域强大的综合实力，其海试的成功也标志着中国具有进入世界海洋最深处开展科学研究探索的能力，增强学生的民族自信。中国科学院研究人员突破了材料技术、模拟实验技术和各类瓶颈技术，积累的实践经验和海洋环境数据，为世界海洋事业的发展做出了中国贡献，彰显了大国的担当。“奋斗者”号深潜器的控制系统无论是在水平面还是垂直面的航行，其指标均处于世界领先水平，结合有关数据与模型，解读深潜器智能故障诊断系统和容错控制系统，深潜器的地形巡航功能、定点航行功能以及悬停定位等功能的算法，都运用了数据科学的神经网络算法，让学生理解所学知识高精尖应用，了解数据科学的智能性如何在大国制造中发挥作用，增强学生的科技报国热情。深海科研人员从“蛟龙”号，到“深海勇士”号，再到“奋斗者”号的研制与试航成功，无不凝结着严谨的科学精神和民族自立自强的勇气，也生成了“严谨求实、团结协作、拼搏奉献、勇攀高峰”的中国载人深潜精神，是新时代大学生学习的典范。

案例 3：北京师范大学的“普通物理实验”课程，挖掘知识本身所蕴含的科学精神、在学科发展比较中增强文化自信。在物理几何光学的实验过程中，比较中国的《墨经》与西方的《光论》，欧几里得的《光论》中提到的光学知识比墨翟的《墨经》整整晚了一百多年，增强学生的文化自信。在物理霍尔效应实验过程中，介绍我国科学家薛其坤院士反常量子霍尔效应的首次发现，杨振宁评价这是一个诺奖级别的发现，提振学生深耕科研的自信。物理实验是每个物理学家都要经历的实验，是一代代物理学家孜孜不倦追求真理的实验史，每个发现都凝结了科学家锲而不舍的精神，感人的故事，崇高的目标，沉甸甸的责任，可以启发学生思考人生价值。通过梳理普通物理实验项目相关的物理学发展史，并将其加入实验教学中，激励学生要传承追求真理、实事求是的科学精神。

（2）挖掘路径

明确了“挖什么”，接下来困扰课程思政教师的问题是“从哪挖”，结合案例内容分析的诸多成功案例可以发现，思想政治教育元素必须依托课程体系自身，从学科发展和职业的特点出发，结合学科历史、学术前沿、生涯发展、职业理想、职业规范等探索思想政治教育元素挖掘的多维路径。

案例 1：湖南大学的“有机化学”课程，从有机化学领域的学科发展、优秀科学家、社会应用、学术前沿、时政热点事件、重大成就等路径出发，深入挖掘有机化学课程知识体系中所承载的家国情怀、优秀文化、核心价值和职业伦理等思政教育元素。在优秀科学家方面，重点挖掘科学家高鸿院士在有机化学领域的重大贡献，激励学子的科技报国热情；在社会应用方面，重点挖掘特殊时期，有机化学所发挥的重要作用，在培养学科认同的同时，展现中国在全球抗疫中的贡献与担当；在学术前沿方面，挖掘我国在社会发展过程中有机化学领域各类“卡脖子”技术，激励学生弘扬科技创新精神，勇攀科学高峰。

案例 2：上海大学的“创新中国”课程，充分挖掘学校的创新案例资源。上海大学是一所有着红色基因和改革创新基因的学校，通过介绍吴晓春教授团队开发的高品质模具钢、钟云波教授团队开发的多元铜合金结构功能材料、苗中华教授团队开发的智能农机装备与机器人等科技创新的鲜活案例，从别样的视角阐述了何为创新以及创新的价值和意义。鼓励学生要树立远大志向，敢于突破技术瓶颈，瞄准卡脖子问题，坚定信念矢志不渝走创新之路，永葆质疑之心、永葆探索之心，化偶然的创新为必然，像老校长钱伟长一样，为国家做出重大贡献。

案例 3：东北大学的“微控制器原理与接口技术”课程，从专业领域的国际热点事件和职业伦理的路径中挖掘思想政治教育资源。从“中兴事件”和“华为事件”中芯片的核心问题出发，依托学科优势，抓住问题本质，由于微控制器的核心是 IC 芯片，比较中国和世界其他发达国家在芯片领域的发展状况，让学生产生危机感的同时，增强迎头赶上的信心。一方面，让学生认识到我国芯片行业和其他发达国家的差距，启发学生认识到核心科学技术创新的必要性，只有真正掌握核心技术，才能够保障信息的安全，不受制于人，激发学生的爱国热情，树立奋斗报国的信念，积极投身祖国的芯片行业和半导体行业；另一方面，让学生看到我国在该专业领域的重大突破，增强学生迎头追赶的决心和行动。从职业伦理出发，结合社会事件作为案例，强调在微控制器开发设计过程中，产品设计的质量和可靠性是重要因素，但并不是唯一要素，是否违反我国法律法规，是否危害人民群众的财产健康，这些要素都应该可以考虑。

（3）有机融合

课程思政在教育教学过程中一直存在“沙子”与“水”难以“溶解”的老大难问题，课程思政的有机融合强调课程与思政的无缝对接，如“盐”入“水”，育人效果如春风化雨，润物无声。通过多案例内容分析和扎根理论研究，可以重点从结合方式、教学模式和课程设计着力，结合国家战略、大国成就、时事热点、学科发展史等内容，运用混合式、启发式、研究型、探究式等多种教学模式，重构教学目标、教学内容、教学方法和教学单元，努力实现课程与思政之间融合的有机性。

案例 1：清华大学的“固体物理基础”课程，在让学生理解学习固体物理课程的必要性时，一方面，从当前大家普遍关注的人工智能等热点问题入手，阐明任何一种智能系统都是通过各种电子、光子器件实现的，而只有了解电磁场与物质相互作用的规律，才能设计出具有各种功能的器件，构建起满足实际需求的系统；另一方面，课程通过潜移默化的方式，让学生们意识到自己担负着发展国产芯片、帮助中国走出“无芯之痛”的时代责任，而要具备在芯片领域从事研发工作的能力，则必须要学好固体物理基础课程。

案例 2：上海大学的“音乐文献阅读”课程，以中国的传统文化瑰宝作为课程学习过程中的重要研读资料，在专业技能的学习过程中提升文化自信。上海大学在音乐文献的选取中，着力提高古今中外经典音乐文献研读的比例，为音乐学习增强内容的高质量、专业性和趣味性，以敦煌莫高窟壁画中的乐器和莫高窟藏经洞中发现的《敦煌乐谱》一书为研究对象，通过考证乐谱的年代来源，梳理乐谱的研究现状，研究乐谱，在研究图表和文字文献的基础上，试图还原古代音乐的原貌，组织学生排练敦煌古典音乐经典作品，还原有声的古代经典文献，课后，带领学生到东方乐器博物馆进行实地参观，研究并学习敦煌古乐，开展敦煌古乐专家的系列采访活动，组织线下交流会分享学习收获与体验，提升学生理解、演绎经典作品的能力的同时，建立对中国传统文化的高度自信，身体力行成为传统文化的守护者和传承者。

4.3.3 实践应用

“大学生职业生涯规划”是唤醒学生生涯意识、提升学生就业技能、针对大一学生开展的一门通识必修课程，具有较强的理论性、实践性和价值观塑造性的特点，其课程思政教育教学改革比其他课程更加必要和迫切，笔者结合自己的教学实践，运用WWH课程设计模式，提出基于课程思政的大学生职业涯教育的建设路径（见表4-10）。

（1）课程分析

传统的大学生职业生涯规划课程以生涯理论的讲授和生涯测评工具和方法的运用为主，强调生涯规划的方法和手段，弱化生涯教育的目的和意义，引用社会学工具理性与价值理性[1]的概念分析，即课程的工具理性吞噬了其价值理性，使教育缺乏温度。思想政治教育从思想、情感、价值观的角度为大学生职业生涯教育提供了更丰富生动的内容，从学生自身的职业困惑切入，提高了学生学习的主动性和参与性，在帮助学生解决实际问题的过程中促进了师生关系，引导学生在理解职业的社会价值的基础上，做出综合规划。

大学生职业生涯规划教育对于职业素养的人才培养目标与思想政治教育的职业价值目标相契合。生涯教育在帮助学生了解自我的性格、技能、兴趣及价值观的基础上，了解职业世界，培养学生遵守基本的职业道德规范和职业伦理，帮助学生树立科学的职业观、创业观和成才观，加强学生的创新精神，团队合作意识以及责任担当精神的培养，而思想政治教育的职业价值目标就是要培养爱国、敬业且诚信、友善的合格的社会主义建设者和接班人，这与生涯教育为中国特色社会主义现代化建设事业培养合格的职业者的育人目标相契合，二者的目标都是培养国家各行各业发展所需的德才兼备的优质人才，具有高度的契合性。

大学生职业生涯教育的内容与课程思政相衔接。崇高的理想信念需要在平凡的事业中去实现，大学生职业生涯教育与思想政治教育在内容的很多方面都具有

[1] 韦伯．社会学的基本概念 [M]. 胡景北，译．桂林：广西师范大学出版社，2005:32.

一定的衔接性。大学生职业生涯教育在教学内容方面由自我认知、职业探索、职业决策和行动调整四部分构成。就思想政治理论课而言，其内容包括科学的世界观、方法论、价值观、中国特色社会主义的理想与目标、职业精神等，也包括大学生应该关注的国内外形势、时事热点。学生应当吃透政策、顺应形势，在自我定位与对外部综合环境的整体研判中找准自己的职业发展目标，然后结合自己的优势，制定可行的方案、提高个人能力、拓展综合素养，培养超前的把握国情与政策的胆识，在国家发展大势中成长为祖国的栋梁之材，实现自我的人生价值。因此，大学生职业生涯教育与课程思政内容上可以相互衔接、交融相促。

（2）设计框架

在思政元素挖掘内容方面，重点围绕大学生的政治素养开展，引导学生将个人的职业目标与国家发展的需要紧密结合，使学生在职业选择过程中，不仅仅思考个人的兴趣、技能、性格和价值观与职业的匹配，而且重点考虑个人发展与国家发展之间的关系，提升大学生在职业生涯规划方面的广度、深度和高度。在思政元素挖掘的路径方面，以问题为导向，从学生自身的生涯困惑切入，从中国传统的生涯思想中汲取智慧，结合新闻热点重大事件提高学生的分析能力和价值判断能力、讲述学科前沿的最新成果、提升教学的理论高度等。在课程与思政的有机融合的方法层面，综合运用案例法、讨论法、问题导向法等，重构并更新课程设计内容，引入具有价值导向、反映时代思想和精神的现实案例等（见表4-10）。

表4-10　大学生职业生涯规划课程思政的WWH设计框架

知识点	挖什么 Wat	从哪挖 Where	如何融 How
第1章 职业生涯规划的基本理论	生命至上 人民至上 国家认同 中国话语 文化自信	中国传统生涯思想；生命的社会价值	活动体验法；案例法；小组讨论法 在讲解生涯的概念时，运用撕纸活动，把生命的长度画在纸条上，让学生在体验中感受生命长度的短暂以及生命宽度的价值和意义，结合我国在特殊时期对每一个生命个体，无论年龄大小的充分尊重和救助，让学生认识并理解中国共产党以人民为中心，生命至上的执政理念，在生涯概念的学习中增强对党的认同。通过挖掘中国古代哲学家的思想，在不断丰富学科话语的同时，增强学生的文化自信。在生涯规划的内涵理解中，融入庄子关于生命的论述，以及孔子关于生命规划的经典阐述

续表

知识点	挖什么 Wat	从哪挖 Where	如何融 How
第 2 章 自我认知之兴趣的理解与类型	奉献精神 科学精神 爱国主义	全国道德模范等职业人物	活动体验法 通过兴趣岛的体验活动，帮助学生认识并理解自己的兴趣类型，以全国七一勋章获得者为案例，分析他们兴趣类型的同时，引导学生学习这些平凡英雄的伟大精神
第 3 章 自我认知之性格探索	制度自信 文化自信 和谐人际	时政； 日常交际	小组讨论法 讨论宿舍关系；性格没有好坏之分，类比中国和西方国家的政治体制，用良政和劣政重构中国话语体系，讲好中国故事，增强民族自信
第 4 章 自我认知之职业能力的分类及基本理论	勇于创新 热爱祖国 无私奉献 科学家精神	校友资源	案例法 在介绍知识技能、可迁移技能和自我管理技能时，结合“张衡一号”卫星项目首席科学家，我校校友申旭辉取得成功的必备技能，激发学生向校友学习，勇攀科学高峰、热爱祖国、无私奉献的精神
第 5 章 自我认知之价值观探索	社会主义核心价值观、马克思主义的职业观	学理的深入剖析	启发式讨论法 人生价值内在地包括社会价值与自我价值两个方面，马克思主义的个人与社会关系原理指出二者既相互区别，也相互联系，要把服务人民和奉献社会作为最崇高的人生追求，一个人价值的大小应当以其对社会的贡献为主要参考
第 6 章 职业认知——工作世界探索：认识职业环境和职业的分类，岗位的要求	工匠精神 强国使命 创新精神 危机意识 职业精神 职业道德 劳动教育	行业资源、社会实践、新闻事件	访谈法；讨论法；课堂展示法 通过生涯人物访谈活动，结合学生的体验反思，提炼职业过程中的伦理精神以及工匠精神等育人元素。 结合热点话题华为被美国制裁遭遇技术卡脖子事件，树立学生的危机意识，培养学生的创新精神，强国使命
第 7 章 职业决策的科学制订方法	建党精神 不忘初心 牢记使命 对党忠诚 道路自信	党史内容	小组讨论法 结合决策的类型，分析中国共产党百年来面临选择所做出的重大决策，激发学生的爱党之情，坚定道路自信

续表

知识点	挖什么 Wat	从哪挖 Where	如何融 How
第 8 章 大学生职业生涯规划书的设计	责任担当 社会价值 科学精神	国家战略、时政热点	小组讨论法；问题启发式；类比法 生涯规划类比“十四五”规划，将自己的职业目标融入国家发展战略全局中，将个人的青春梦想融入祖国发展的中国梦中

（3）实施路径

有效推进大学生职业生涯教育的课程思政建设，必须在把握二者内在机理的基础上，解决实践中存在的矛盾与不足，教师应当从培养德才兼备的社会主义建设者和接班人出发，思考如何重点挖掘和引导生涯教育的思政元素，如何将思政元素进行润物细无声的有机融入，如何实现大学生职业生涯教育的课程思政教学目标，应重点从以下四个方面着力：

第一，重点挖掘政治性思政元素。政治正确是课程思政的首要任务，重点挖掘生涯教育中的政治性思政元素是推行课程思政的基础和铺垫，应立足于大学生职业生涯规划的教材体系，挖掘蕴含于职业生涯教育教学中的显性与隐性的政治性教育资源，为实施高校课程思政教育教学实践提供了丰富的育人资源。以职业精神、职业道德和职业理想为着力点，在挖掘思政元素中首先提炼爱国情、报国志，增强民族自豪感的素材，教育学生站稳政治立场、增强政治定力、提高政治鉴别力和政治敏锐性，自觉抵制西方价值观的侵蚀。

要做好大学生职业生涯教育政治性元素的挖掘工作，需要采取的措施有：其一，充分了解不同章节内容的差异和特点，分析具体问题，找到挖掘的切入点，考虑到不同章节所包含的思想政治教育元素数量和质量的不同，政治性要素的挖掘工作应当有序进行，先围绕“富矿”开始，然后再针对“贫矿”开展，从而实现事半功倍的效果。其二，思想政治理论课教师和大学生职业生涯规划课程教师的密切配合。大学生职业生涯规划课程教师对思想政治教育的系统化认识不够，对重点的育人知识点有时不能准确把握，直接影响对生涯教育体系中所蕴含的思想政治教育元素的准确识别，然而思想政治理论课教师非常专业，因此，大学生职业生涯规划课程教师在提升自己政治素养的同时，也需要思想政治理论课教师的指导和帮助。其三，加强课程育人知识点的系统设计，做到各个章节的相互配合，实现思政元素的系统性挖掘。从课程思政的育人目标出发，通过顶层设计，将目标要求分解到各个章节，并落实到具体的知识点中，避免知识的重复性。其四，思政元素的挖掘需要与时俱进，持续进行。一方面，教师的教学设计能力在课程思政实践推进进程中需要不断反思提高；另一方面，随着中国特色社会主义伟大实践的不断推进，思政内容具有一定的动态性，新理念、新思想、新论断、新战略需要及时地融入课程思政教育教学中。

第二，以问题为导向。实践证明，问题导向式是高校课程思政教育教学实践过程中科学有效的有机融入方式。问题导向式以问题教学法为基础，问题教学法是一种以问题为中心，创造恰当的问题情境，在教师的指导下，学生通过讨论、思考等环节进行知识探索和情感拓展的教学方法[1]。通过导入一系列的与职业探索相关的问题，可以显著打破生涯教育传统课堂教学过程沉闷的氛围，迅速将学生的思维从抑制转变为兴奋，激发学生的求知欲，引导学生积极主动地参与学习，并不断地建构自己的知识体系，探索思想政治教育与大学生职业生涯教育有机结合的科学路径，努力提升生涯教育课堂教学的育人成效。

实施职业问题导向式的课程思政融入方法，一方面，注意进行问题的甄选和设计。教师在课前通过学生问卷调研或者教师访谈搜集学生的职业困惑，包括：个人的职业兴趣、能力和价值观的澄清问题、职业选择的两难问题、职业目标的定向问题等，在这些职业困惑中蕴含着丰富的思想教育素材，教师在教学过程中应依据课程不同部分的教学内容和课程思政目标选择学生们面临的共性的职业问题，运用生涯理论的探索工具，帮助学生拨开思想的迷雾，以一种积极的心态迎接生涯成长过程中的各种挑战。另一方面，注意以知识链接的方式有机融入课程。教师在教学过程中首先将从学生的职业困惑中甄选的职业迷思作为知识链接引入课程，激发学生的主动思考，然后让学生带着思考学习新知。最后，教师组织学生围绕问题展开深入讨论，锻炼学生运用理论知识解决现实复杂问题的能力，注重在学生的情感、态度和价值观的变化中加强人格养成教育。

第三，构建课内课外与线上线下协同互促的立体教学模式。构建基于现代信

[1] 杨华．以问题引领思想政治理论课课堂教学的实施路径研究 [J]. 黑龙江高教研究 ,2016（2）:31-36.

息技术的“MOOC+SPOC+体验式课堂”课内课外与线上与线下协同互促的立体教学模式，摒弃以往单纯以线下讲授为主的单一模式。线上完成学科知识和价值理论传授的同时，线下运用体验式教学法，在课内课外的情境活动中增强道德体验，将道德认知转化为道德实践，在反思互动中融入最新的理论成果，提升学生的思想政治素养。信息技术与课程思政的深度融合，有效解决了生涯规划教师所面临的学时少而实践内容多，课程思政教学能力不足，学生学习主动性差等一系列问题。教师应当充分利用线上的优质教学资源，组织好线下课内课外的体验教学活动，引导学生主动探索、发现和构建自己的知识道德体系。

线上教学：知识在左，人文在右。基于“MOOC+SPOC”的线上教学[1]，MOOC平台的优质教学资源，有效提升了课程知识教学的质量，SPOC平台的特色性课程，有机融入了学校自身和专业属性的职业生涯规划的思想政治教育元素，二者的结合有效回应了生涯规划课程知识传授与价值引领的双重教学目标。学生在MOOC平台上学习名师讲授的职业生涯系统理论知识的同时，也能感受到教师严谨的学术表达，多学科的知识素养，生动幽默的教学风格，扎实的学科功底，这些潜隐的道德示范知识对学生人格素养的提升具有一定的积极意义。SPOC在生涯规划课程思政教学改革过程中所承担的作用主要是在对MOOC教学内容进行增补的同时注重凸显生涯规划教育的思想政治教育功能，例如，在职业探索部分的教学中，从职业类别讲到职业责任，从使命担当讲到家国情怀，充分发挥SPOC课程的线上育人功能。

线下教学：体验在左，悟道在右。线下体验式教学是线上线下课内课外立体化教学的线下教学部分，课程设计以课内课外各种情境体验和活动体验为主，符合生涯规划课程重视实践能力和价值观塑造的特点，符合教师主导与学生主体相结合的教育规律，是对线上教学知识的实践应用与有效拓展。依托一系列的课内实践和课外体验活动，例如，教师在课内围绕不同的生涯理论内容设计的目标三问、转化之盾与理想之旅、兴趣岛、价值观想象和价值观拍卖、决策平衡单和成长树等体验活动，通过课外组织的职业体验日、生涯体验周、生涯规划节等实践

[1] 王双群，曾丽华．思想政治理论课“MOOC+SPOC+翻转课堂”混合式教学模式探索[J]. 思想理论教育，2019（6）:11-17.

活动，让学生在活动体验中不断地澄清自己与职业的关系，引导学生在关心自己职业的同时，更应当关注国家的理想与新时代青年的责任担当，把个人成长与民族复兴的大任紧密结合起来。

第四，实施学生学习评价和教师教学评价的双维评价。要全面深入推进大学生职业生涯教育课程思政的教育教学改革，健全课程思政评价体系，发挥评价在课程思政建设方面的积极作用，从学生课程学习评价和教师教学效果评价两个维度构建科学合理的二维评价体系，从根本上解决大学生职业生涯规划课程的教学评价指挥棒问题。

一方面，把教学目标纳入学生的课程学习评价中，运用形成性评价和总结性评价相结合的方法，持续推进大学生职业生涯教育课程思政教育教学的改革。传统的大学生职业生涯规划课程的考核评价往往采用总结性教学评价，以学生在结课后提交的职业生涯规划书作为考评参考，强调成绩和生涯理论，考核功利性强且考核形式单一，忽视学生的思想发展状况。形成性评价重视教学过程的反馈，为掌握学生的学习状况，方便教师及时调整教学内容，以达到最佳的教学效果，可以进行教学过程的教学评价，关于形成性评价对促进学生学习的重要性程度，各种相关研究已达成广泛共识。因此，在大学生职业生涯教育的课程思政教学评价设计中，应重视开展动态过程性评价，灵活运用随堂小测、学生日常教学活动中的参与和讨论、读书报告、生涯人物访谈等行之有效的形成性评价方式，充分发挥形成性评价和总结性评价在教学实践过程中的积极作用。

另一方面，把教学目标纳入教师的教育效果评价中，运用定性和定量相结合的教育评价方法，帮助大学生职业生涯规划课教师及时了解课程思政的育人成效。课程思政教育评价是证明大学生职业生涯教育的课程思政教学是否有效的直接方法，通过对教师的评价考核，不仅可以用于检验课程的育人目标是否已经实现，还可以用于探索研究课程思政的建设发展规律。大学生职业生涯教育的课程思政教学成效的评价可以从知识、技能和价值观三个层面，分为三类指标展开：生涯理论知识的掌握状况，生涯规划能力的提升情况，社会使命感和国家认同的状况。在课程结束之后及时安排教育评价，可以采用问卷调查、教育访谈等科学有效的方法，及时反馈和综合分析评价数据，其评价结果将有效促进大学生职业生涯教育课程思政建设的实践推进。

第五章 高校课程思政的保障机制

随着课程思政建设的全面推进，亟须加强高校课程思政的高质量建设，保证课程思政发展的可持续动能，而在这个过程中，构建科学的课程思政保障体系意义重大，本研究尝试从传播、管理和评价三个维度着手探索构建课程思政的保障机制，以期为课程思政的可持续高质量发展提供有效支撑。

5.1 可持续发展的保障：传播机制

课程思政理念提出以来，虽然教师们进行了各种教育教学改革实践，但育人效果依然与理想存在差距，造成这种问题的原因是多方面的，其中不容回避的是没有理顺课程思政的传播机制。本节关于课程思政的传播机制主要指课程思政理念通过特定方式在社会上有效传播，得到广大社会成员的普遍理解、支持和认同；课程承载的育人信息能在课堂上有效传播，被学生广泛接受并形成与之相适应的社会主义核心价值理念和社会认同。建立健全高校课程思政建设的传播机制能有效增强课程思政理念的认可度以及育人效果，课程思政的传播机制主要由传播者、传播方式以及传播受众构成，它们三者间相互影响、彼此制约。在传播过程中，传播者居于主导地位，对于传播的内容以及传播的具体方式的选择发挥决定作用；传播内容作为整个传播过程的核心，决定传播过程传了什么[1]；传播方式作为整个传播过程所采取的方法或手段，不同方法的选择直接影响传播的效果；传播受众作为传播内容的接受者，不同的传播受众所具有的差异性特征直接影响传播内容和传播方式的选择。课程思政传播机制路径的优化主要围绕这三个方面深入探讨。

---

[1] 周鸿铎 . 应用传播学引论 [M]. 北京 : 中国纺织出版社有限公司 ,2002:30.

5.1.1 传播者维度：发挥教师引导力

政治素养的培育是课程思政建设的首要育人目标，教师作为课程思政建设主体，是教育信息的控制者，决定课程价值传播的内容和传播的路径，思想政治理念的传播效果同传播主体对课程思政理念的认同和态度密切相关。因此，应重点从以下两个方面加强教师课程思政价值传播的引导力建设。

（1）改进教学策略

当前，课程思政建设过程中的受教育对象主要是“00后”大学生，他们作为“移动互联网一代”，也是“独二代”，受到享乐主义、个人主义、消费主义以及现实主义的影响，对思想政治教育的教学内容和教学方法有更高需求，给高校课程思政建设既带来了挑战，也带来了发展的机遇。然而，有报告指出，当前大学生思想政治状况的总体态势为积极正向、多样活跃，而在课程思政教学中，有63.4%的大学生很了解或比较了解“课程思政”的概念，36.6%的大学生认为有一定了解或不太了解，通过卡方检验发现，政治面貌依次为群众、共青团员、中共党员对“课程思政”了解或比较了解的比例呈递增状[1]。因此，通过改进策略促进课程思政传播尤其重要，加强学生对课程思政的核心内涵的理解，对提升学生思想理论学习的自觉性具有一定的促进作用。

一方面，教学思维要精准。在精准思维视角下，高校课程思政建设要精确把握学生需求，优化思政课内容供给、教学方法、目标评价，精准指向育人发展的各个要素和环节。需要精准把握学生思想工作的具体诉求，课程思政建设要解决的问题便是培养学生的思想政治素养。目前，枯燥乏味程序化的教学容易引起学生对“政治化”的强烈抵触，同时，太生活化的教学又让学生领悟不到推行课程思政的意义所在，好的“课程思政”应该是润物细无声的，像盐溶于水一样，于水而言增加的是密度，而学生的需求便是这“融”之法。因此，在课程思政实施过程中，要尊重学生的生命周期规律，满足学生的信仰需求，通过“精准思维”来推进课程思政建设。精准思维将推进为精准思政，同时“一切从实际出发，具体问题具体分析”方法论是精准思政在社会实践中的

[1] 谷牧宇，丁宁，张欣，等．预防医学专业课程思政实施现状调查[J].医学教育研究与实践，2022,30(1):82-87.

体现，它为思考并区分学生思想状况、认知能力、兴趣水平等个性化差异提供了方向，以期更好地解决因难以激发学生的思想政治理论学习兴趣而导致的无效育人问题。

另一方面，教学视野要开阔。课程思政的本质是立德树人，提高大学生的思想政治素养，培养具有全球视野，而且能够适应未来世界发展环境的能力，应从四个引导切入：其一，引导学生正确认识并且把握世界发展及中国发展的大势。一个世界，一个国家正因有大势的滋养，其发展才变得更加有力量，我们要借鉴历史，就是要在历史发展中找准世界与中国发展的大势，在现实世界中推动大势的发展，进而把握规律并赢得未来，通过在课程思政教育过程中融入世界发展规律及大势的内容，让学生深入把握人类社会历史发展的必然性、中国特色社会主义发展的历史必然性，培养学生树立为实现共产主义，为发展中国特色社会主义共同目标而奋斗的坚定信念。其二，引导学生正确认识并且把握中国特色。对比国际，同一个世界同一个未来，当今中国已不能排外于世界，世界也早已离不开中国，在思想政治教育中，学生应从中感悟出国家和民族的历史传统、文化积淀、基本国情，从中增强对中国特色社会主义的道路自信、理论自信、制度自信、文化自信；学生要增强教育自信，从中对世界的好坏有更客观、全面的认识，从而开阔视野。其三，引导学生正确认识时代责任和历史使命。我国已发展成为世界第二大经济体，综合国力和国际影响力日益提升，这些成就离不开各行各业优秀青年的奋斗，通过融入责任使命感教育，引导学生将自己的职业梦想融入国家民族的伟大事业中，勇担时代使命，勇做时代先锋，实现中国梦。其四，引导学生正确认识远大抱负并脚踏实地。理想成就人生，信念决定成败，全部生活在本质上是实践的，青年大学生应该把远大抱负落到实处，让青春成为理想的翅膀，让奋斗变为搏击的力量。中国特色社会主义建设是一场史无前例的实践，需要通过“润物细无声”的思想教育使青年大学生在拥有崇高理想的同时，一定要脚踏实地，积极地在社会实践中实现自己的人生价值。

（2）提升教师个人魅力

教师的信仰、美德、作风和品质都是学生隐性学习的资源，并潜移默化地影响学生，在学生心里生根、发芽，最终内化为个体的精神品质，建构自身的社会价值观。作为课程思政教师，首先应树立坚定的马克思主义信仰。习近平总书记强调政治要强，要让有信仰的人讲信仰，在大是大非面前保持政治清醒，善于从政治上看问题。“无论过去、现在还是将来，对马克思主义的信仰，对中国特色社会主义的信念，对实现中华民族伟大复兴中国梦的信心，都是指引和支撑中国人民站起来、富起来、强起来的强大精神力量。”[1]这也是课程思政教师开展教学实践的政治灵魂和精神支柱。

一方面，坚定的信仰来自对理论系统学习。信仰是力量的源泉，只有具备科学的世界观、人生观和价值观的教师，才能真正具有马克思主义理论自觉、理论自信，才能站在马克思主义的立场和观点讲好中国故事。相反，如果各种西方社会思潮充斥着一位教师的头脑，或者自身根本就并非真信、真懂马克思主义的教育工作者，他们总是戴着一副有色眼镜看中国，一定不是一名合格的课程思政教师。教师承担着价值传播的重要功能，在很大程度上决定着受教育群体对价值理论的选择与接受，其自身的行为作风，对于价值理念的传播效果有很大的影响，传播效果受到多种因素的制约，而作为传播主体的传播者的形象的育人价值应当引起足够的重视，榜样的力量是无穷的，一些优秀的传播者，如课程思政教师中的优秀代表，他们以其言行使学生们受益匪浅，产生了广泛的影响。但是，如果思想理论的传播者或者传播团队的行为与其所宣传的马克思主义价值体系不一致，甚至相互违背，那么，受教育者便会认为教育者传播的内容失真，从而影响受教育者对所传播的思想的接纳效果，受众的这种认知失调必然阻碍传播过程和传播效果。由于传播者的形象与受众二者的期待之间发生较大失衡，受众可能对传播的信息产生反感或厌恶情绪，甚至会导致逆反心理。当然，如果要做一名优秀的课程思政教师，仅自己真信还不够，还不足以满足学生的价值需求，因此，要想做好课程思政工作，课程思政教师一定要系统地掌握马克思主义的立场观点方法，坚持系统深入地研学马克思主义经典著作，做到在真懂的基础上，把握并领会马克思主义要义及理论本质，只有这样，才能准确理解马克思主义的基本原理、世界观和方法论，提升自己的理论水平、思想意识和认识世界的能力。

另一方面，坚定的信仰来自对中国特色社会主义建设辉煌成就的自豪与对中

---

[1] 习近平．在庆祝改革开放40周年大会上的讲话[N]．人民日报，2018-12-19（2）．

国特色社会主义道路的自信。改革开放以来，中国共产党以巨大的理论勇气和政治智慧，把马克思主义基本原理同中国具体实际相结合，成功开创和发展中国特色社会主义。我们党在解放思想、实事求是的思想路线指导下，坚持把马克思主义和发展马克思主义统一起来，结合改革开放新实践不断作出新的理论创造，逐步创立了邓小平理论、“三个代表”重要思想、科学发展观和习近平新时代中国特色社会主义思想，既一脉相承又与时俱进，体现了改革开放以来我们党理论创新科学性体系、阶段性成果和发展性要求的内在统一，谱写了改革开放实践中最恢宏的理论篇章。作为思想理论的传播者，不但要对中国建设所取得的辉煌成就有高度的自豪感，对中国道路有高度的自信，还必须具有民族的使命和责任感，忠诚于党和人民，坚持以有利于党、国家和人民的大局意识为重的职业操守，以坚定的政治责任感和对组织、对个人认真负责的态度，积极克服厌战、畏难情绪和与己无关思想，在政治上时刻保持清醒，以极大的热情投入工作，用自己的行动影响大学生的价值生成。

5.1.2　传播方式维度：提升网络传播力

通过拓宽传播范围，课程思政理念只有得到有效的传播，才能使受众认同课程思政理念，自觉入脑入心并积极践行，在此过程中，研究者也能够精准采集传播受众的情感倾向，及时采取措施进行优化。传播是指两个相互独立的系统之间，利用一定的媒介有目的地进行信息定向流动的活动，信息传播是一种信息分享或交流的过程，有的侧重于信息共享，有的侧重于施加影响，有的侧重于信息互动交流等，目的都是与他人在反馈、沟通中建立一种共识。信息传播在融媒体时代具有信息量大、速度快、传播手法多样、传播过程多向互动等特点，在信息量与传播速度方面，网络运用超链接的方式把自己的容量无限扩大，使传播效率方面可以做到信息的实时更新，其传播方式除了文字、图片外，还有音频、视频，传播过程方面，打破了传统传播媒介的线性传播，传播者既可以传递信息，也可以接收信息，传播者与传播受众之间的信息是平等和互动的。

课程思政作为一种创新的教育理念，它的产生是时代之需，承担着教育强国建设的重大使命，虽然该理念自 2016 年提出以来，虽然实现了在全国各大高校的迅速传播，但是，我们通过一些网络信息交互平台的话题分析发现，了解课程思政的社会人员较少，课程思政理念的网络传播力和影响力还有待提升。新媒体时代逐渐涌现出许多高质量的信息交互平台，如知乎、微博、Bilibili、百度贴吧等，人们可以在平台上分享知识、经验、提问以及寻求解答等，这些问答社区在一定程度上不仅丰富了课程思政理念的传播渠道，也为课程思政的理论研究提供了新的视角，因此，新时代，我们应加强课程思政理念网络传播体系的构建。

（1）网络传播力的评价体系

传播力是指传播内容是否能引起公众和媒体的关注，其指标的作用是衡量宣传内容传播的广泛度，即受众数量越多，传播效果越好。传播力由公众传播力与媒体传播力组成。因此，课程思政理念的网络传播力可从公众与媒体两个维度的指标入手（见表 5-1）。

表5-1 网络传播力评价体系

网络传播力			
公众传播力		媒体传播力	
转发量	评论量	搜索量	相关度

公众传播力：

$$C_{pi} = \frac{a_i / a_{\max} + b_i / b_{\max}}{2} \times 100\% \qquad (5\text{-}1)$$

媒体传播力：

$$C_{mi} = \frac{c_i / c_{\max} + d_i / d_{\max}}{2} \times 100\% \qquad (5\text{-}2)$$

其中，a_i、b_i、c_i、d_i 分别表示第 x 条信息的转发量、评论量、搜索量、相关度；$a_{\max}$、$b_{\max}$、$c_{\max}$、$d_{\max}$ 则为相关信息的最大转发量、评论量、转引量与相关度。在对网络传播力进行比较时，公众和媒体的传播力各占一半，即 50%，因此，网络传播力的公式则为

$$C_i = \left(c_{pi} + c_{mi}\right) \times 50\% \qquad (5\text{-}3)$$

（2）研究对象和研究数据

本节以“课程思政”为研究对象，计算其在新媒体平台中的网络传播力，并进行可视化分析。微博平台是现在的主流媒体平台之一，是一种基于用户关系信息分享、传播以及获取的通过关注机制推送信息的广播式社交媒体、网络平台，且具有用户多、信息传递快、自主选择性强、互动多等特点，相较于百度贴吧、哔哩哔哩等平台可以更好地获取计算评价指标所需的信息，与此同时，经过话题的信息搜集发现，微博上关于课程思政的话题数量最多，故选取微博作为网络传播力平台进行研究。

本研究使用八爪鱼采集器对上述所需数据进行爬虫，具体内容见表 5-2。

表5-2　指标说明表

指标	具体说明
转发量	相关微博的转发数，即微博的“二次传播”覆盖范围
评论量	相关微博的评论数，即微博的用户反馈及话题讨论程度
搜索量	以微博内容主题词为关键词在百度搜索引擎所搜索到的结果数（爬取前 50 页内容）
相关度	“百度知道”以微博内容为关键词搜索的内容与微博内容文本关联度大于 0.2 的数量

（3）课程思政网络传播力

根据网络传播力的计算方式，对所得数据进行传播力分析，结果见表 5-3。传播力的平均值在 15 ～ 25，网络传播力的评价值约为 20.63，与 100 还有一定的差距，这说明课程思政相关内容在网络上的宣传还有待加强。另外，从表 5-3 中可以看出，媒体传播力最大且约为 23.57，而公众传播力略低，这表明网络用户对课程思政相关内容的发表、转发、点赞等互动相对不足，且发表言论的用户大多为教师、教育培训机构等；媒体相对于公众，对课程思政的传播贡献更大，其中，互动最多的媒体是中国教育电视台。

表5-3　课程思政网络传播力

公众传播力	媒体传播力	网络传播力
17.6913	23.5662	20.6288

（4）课程思政传播力时间序列分析

把网络爬取的数据集按季度排序，第一季度为 1 ～ 3 月，第二季度为 4 ～ 6 月，第三季度为 7 ～ 9 月，第四季度为 10 ～ 12 月。对 2020 ～ 2021 年 7 个季度的课程思政的公众传播力、媒体传播力、网络传播力进行量化分析，所得结果见表 5-4。

表5-4　2020～2021年的网络传播力评价值表

年度 / 季度	公众传播力	媒体传播力	网络传播力
2020/Q1	25.0	65.5	45.25
2020/Q2	50.0	50.0	50.0
2020/Q3	50.0	61.7	55.9
2020/Q4	24.0	35.4	41.7
2021/Q1	50.0	50.9	50.2
2021/Q2	25.0	20.1	22.6
2021/Q3	50.0	47.3	48.7

注：Q1：第一季度；Q2：第二季度；Q3：第三季度；Q4：第四季度。

从表 5-4 中可以看出，在 2021 年第一季度前，公众传播力一直小于媒体传播力，而 2021 年第二季度至今，公众传播力却一直大于媒体传播力。公众传播力的最大值为 50.0，分别在 2020 年第二季度和第三季度及 2021 年第一季度和第三季度；媒体传播力最大值为 65.5，出现在 2020 年第一季度，其次为 61.7，出现在 2020 年第三季度；网络传播力的最大值为 55.9，对应 2020 年第三季度，其次为 50.2，对应 2021 年第一季度，而最小值为 22.6，波动较大。可以得出第三季度和第一季度为传播力的增长点，即公众与媒体对课程思政相关内容的关注与宣传最频繁，且用户互动最强烈。综上所述，结合图 5-1 关于网络传播力时间维度的可视化分析可以看出，公众传播力随着时间的推进在起起落落中保持相对稳定，而媒体传播力却呈现下降趋势，虽然幅度比较缓慢，网络传播力整体是稳定增长的，但是在 2021 年第二季度骤跌，原因是与当时出现诸多新的舆情热点有关。

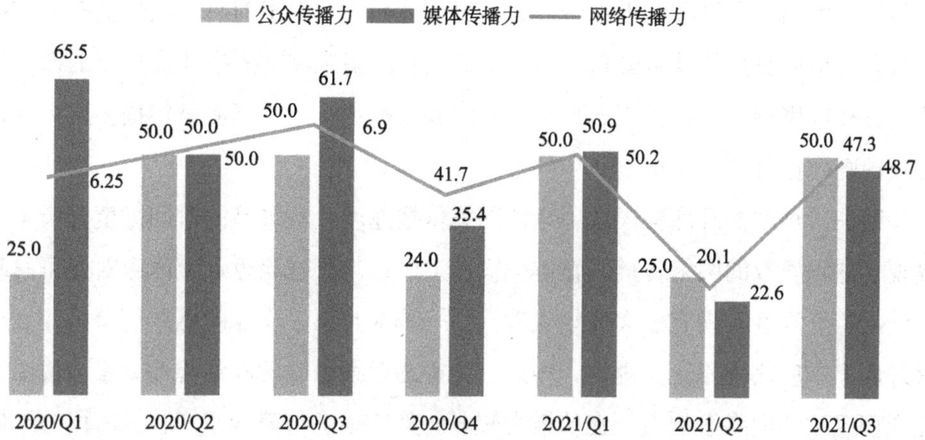

图5-1　网络传播力时间维度组合图

（5）优化举措

结合上述分析可以看出，公众和媒体在课程思政理念的网络传播力方面仍有待加强，应着力从以下四个路径加以优化：

第一，打造立体化传播格局。网络传播力的提升要从用户的转发量与评论量、媒体的搜索量与相关度出发，而在议程设置理论中，往往需要把更多媒体吸引进来，如果传播手段单一，那么将会导致受众群体没有兴趣，从而不能发挥其良好的宣传效果。随着信息技术的发展，媒体日新月异，有传统媒体，如广播、报纸等，还有新媒体，如微博、知乎、微信等，为改变媒体传播单一的现状，各媒体应形成合力，结合人力一起宣传，即融媒体。通过微信公众号、微博群、QQ 群来推广课程思政理念，改变以往的垂直宣传模式，以扁平宣传模式进入受众的视野，传统媒体与新媒体相互补充，拓展多元传播方式，依托融媒体技术，打造课程思政教育传播平台，助力其全面高质量推进[1]。

第二，提升教师的网络参与意识。课程思政的宣传存在参与用户数量不多且多是教育者的主体单一问题，因此，全面提升课程思政理念的网络传播力，要调动课程思政教师在社区平台进行问答互动的积极性，对课程思政工作者开展相关网络传播力的培训，从思想上重视网络传播力对课程思政理论传播和全面推进的

[1] 吴雷鸣．融媒体时代高校思想政治教育工作有效性探究 [J]. 传媒 ,2021（14）:84-87.

重要性。加强课程思政的理论研究，结合领域权威的学术前沿，汇聚更多的知识创造者，带动更多的社会公众参与，形成全社会多主体共同搭建高质量的课程思政问答社区氛围，做好课程思政理念及经验的有效交流与高质量传播，助力课程思政的高质量可持续化推进。

第三，科学提升课程思政理念的网络传播速度。从本节的时间维度分析可以发现，课程思政的网络传播力整体呈缓慢上升趋势，这与近几年国家对课程思政建设的持续高度重视有极大的相关性。第一季度与第三季度的网络传播力相较于另外两个季度表现得更为理想，因此，为提高课程思政的网络传播力整体值，增强课程思政的网络影响力，在传播力较弱的第二季度与第四季度，分时段分地域精准地进行策略性传播，从而达到事半功倍的良好效果。

第四，充分发挥意见领袖在其中的网络传播作用。课程思政理念的广泛传播与共识，需要充分的网络主体，尤其是意见领袖的传播带动作用。政府和媒体要特别注重在这个过程中培养意见领袖，培养并且发掘一批有一定课程思政知识能力并且威信较高的本专业领域人才，充分发挥其意见领袖的引导能力，进行科学的议题设置，形成高质量的课程思政经验问答交互社区[1]，使课程思政教育的传播效益提质增效。

5.1.3 传播受众维度：激发学生主体性

在课程思政建设中，学生是育人信息传播的主要接受者，即传播受众。学生在信息接受过程中，不是对知识被动的简单接受，而是对知识的能动生成，具有积极的建构性特点，因此，在课程思政教学建设中，必须时刻关注传播受众的反馈，充分发挥学生的学习主动性，让学生的主体性意识更好地促进并提升课程思政的育人成效。

第一，结合家国情怀，调动学习激情。学生通过家国情怀，结合使命担当，能够激发自身的“内在驱动力”，调动学习激情，实现从被动灌输到主观能动的目标。学生要善于给自己创设情境，把自己放入国家发展的大视野中，以行动践行使命担当。爱国从来都是具体的、实践的，从航空航天到建桥修路，每一项成就的诞生都展现着建设者的家国情怀，时刻心系国家，把国家事业当作自己的责

[1] 陈雷 . 全媒体时代生态文化的理念传播 [J]. 新闻战线 ,2016（10）:137-138.

任担当，培养学生树立伟大的理想追求，一肩挑着使命、一肩负着担当，提升学习激情，努力学习专业知识，主动与课程思政传播者交流想法，在交流中创新，在创新中吸收课程思政的理念。对传播者而言，要深入观察学习者的反馈状态，及时反思并改变教学方式，尤其是机器式的知识灌输，当学生处于消极学习、被动接受的状态时，多重视学习者信仰情感的培养，使课程思政顺利走进学习者的内心，提高课程思政的运行效果及传播价值。作为课程思政传播者，必须不断提高基本素养和业务能力，培育师风师德，通过多种渠道进行业务知识及红色基因理念的学习、进修、反思；必须学无止境，与时俱进，在传播前努力掌握马克思主义意识形态发展、马克思主义基本原理等理论，在传播中通过红色精神，调动学生的积极性，从而顺利地进行课程思政理念的传播。

第二，联系学生旧知，激发学习热情。作为课程思政理念的传播受众主体，学生不能够“赶鸭子”式接受灌输，应自主学习专业知识并和课程思政传播者相互交流，善于把控自己的主体地位，主观能动地学习。学生要善于给自己建立激励系统，促使自己投入学习的汪洋中，在学习中快乐，在快乐中学习。掌握更多的自主性，要积极参与课堂教学，跟着教师的思路走；在课堂之外要利用各种机会参与社会实践，将知识理念与行动相结合，强化课程思政理念学习，提高教师融会贯通的能力。建构主义理论强调指出，学生在获取新知的过程中，是把教师所传授的知识，在一定的情境、文化背景下，在教师、同伴的帮助下，运用一定的学习资料以及学生的自我经验开展意义建构的方式所获得的。因此，教师所传授的各类专业知识只有在与学生经验世界发生联系和作用时，才能构建新的认知结构。在课程价值的理论传播过程中，传播者要联系学生的知识和道德基础，要具备丰富的知识储备及课程思政理论的清晰认知，具备强大的驾驭课堂能力，将专业知识与思想政治理念融会贯通，提升课程思政综合素养。在课程价值传播过程中，教师要转变授课思路，做到春风化雨，了解不同学生的差异，因为学生所在的专业领域不同，思维方式也不同，政治素养天差地别。因此，传播者必须积极主动地了解每一类学生的特点，做到因材施教，进而提高课程价值传播的效果和教学质量。

第三，围绕学生话题，激发学习兴趣。从学生关心的话题切入，了解当前大学生最关心的社会问题和舆情热点在哪儿，生活和学习中的痛点在哪儿，与专业有机融合，给大学生送去精神食粮，让大学生在思想上感到解饥解渴。在课程价值传播过程中，传道授业要重视发挥学生的主观能动性，运用多种教学方法，调动学习者在学习专业知识的过程中主动理解并参与课程隐性的思想政治教育活动的积极性。而师生作为课程价值传播的共同参与者，不仅学生要充分发挥自主能动性，还要教师激发学习者的学习兴趣，提高学生的主动接受意识，传播者还应该在知识领域下功夫，掌握各个领域的知识体系，不断丰富未知的知识结构，从而游刃有余地在各种教学模式中来回切换。从课程思政传播的方法来说，传播者可以采用潜移默化的间接引导方式，教师在课堂讲授专业知识的同时，可以设置学生关注的场景，在轻松又严谨的氛围中传播课程思政理念，还可以通过社会实践和情境式教学等方法，把特定的情感与思想作为载体有机融合，提升大学生的思政素养和人格修养，从而充分发挥学生的主观能动性，提高学生接收传播者价值信息的有效性。

总之，课程思政的建设需要充分发挥学生价值生成的主观能动性和意识形态生成的自觉性，在教育教学过程中，学生主观能动性的发挥受到多种因素的影响，只有经过各方面的共同努力，在教学实践中不断创新教学方法，才能切实提高课程思政建设中学生学习的主体地位，增强课程思政育人的效果。

5.2 强力实施的保障：管理机制

管理机制是管理系统的内在结构、关系、功能及运行原理，是决定管理功效的核心问题，具有系统性、客观性、自动性、可调性和稳定性的特点，其类型和作用效果也会随着组织结构的改变而调整。管理机制主要由制度管理机制、组织管理机制以及资源整合管理机制组成。在制度管理方面，推进课程思政应完善理念引导、责任落实、协同配合及动态评估等制度体系；在组织管理方面，纵向维度需要层层激发动力、形成共识，横向维度需要多部门的协同配合和互相支持[1]；在资源整合方面，通过课程思政资源共享、融合延展，构建本研一体的课程思政课程体系，贯通人才培养主渠道。

---

[1] 韩宪洲．以“课程思政”推进中国特色社会主义一流大学建设[J]. 中国高等教育，2018(3):21-25.

5.2.1　制度管理机制

制度管理机制是开展课程思政工作的基石，诺贝尔经济学奖获得者道格拉斯·诺斯指出，制度作为一系列被制定出来的规则，为人们提供了相互影响的框架，能够对追求主体福利或效用的最大化利益的个人行为产生约束效应[1]。因此，做好课程思政建设，必须从中央到地方构建科学完善的制度管理机制。为深入贯彻习近平总书记关于思想政治教育的重要论述，中共中央办公厅、国务院办公厅下发了《关于深化新时代学校思想政治理论课改革创新的若干意见》，教育部印发了《高等学校课程思政建设指导纲要》，我国各地教育主管部门、高校不断推进课程思政制度化，鼓励院士、国家级教学名师带头开展课程思政建设，营造良好氛围，促推课程思政全面建设。中共北京市委教育工作领导小组印发了《北京市深化新时代学校思想政治理论课改革创新行动计划》，提出包括课程思政建设在内的深化新时代北京市学校思想政治理论课改革创新的“十大工程”，同时，北京市还把推进思政课建设情况纳入对各校党委班子考核和政治巡视，纳入学校办学质量和学科建设评估标准体系。上海市下发了《关于深入推进上海高校课程思政建设的实施意见》，全面启动高校人才培养方案修订工作，针对不同类专业编制具体的课程思政教学指南，着力将课程思政改革内化到学校的治理体系和治理结构中，让改革成果逐步固化为现代大学制度的内在组成部分。浙江大学印发了《一流本科教育行动计划（2018—2020）》《博士研究生教育综合改革试点计划书》等文件，制定了《深化思政课程和课程思政建设机制改革实施方案》，明确提出，要进一步推进思政教育与通识教育、专业教育、体美劳育的深度融合，着力加强学科育人示范课建设，加速实现从思政课程育人向课程思政立体化育人的转变。关于课程思政制度保障机制的研究，有学者围绕理念引导制度的完善、协同配合制度的健全、责任落实制度的构建、资源整合制度及动态评估制度的建立等维度推进课程思政保障机制建设[2]。还有学者提出，教学管理制度和教学评价体系是高校课程思政保障机制建设的重要内容，思想教育与价值引领是课程思政

---

[1] 诺斯．经济史中的结构与变迁 [M]. 陈郁，罗华平，译．上海：上海三联书店，1991:71.

[2] 胡洪彬．课程思政：从理论基础到制度构建 [J]. 重庆高教研究，2019（1）：112-120.

课堂教学评价以及教师教学评价的重要衡量指标[1]。综上所述，课程思政在全面推进过程中，教育管理部门和学校的一系列制度机制，无论从思想引领和实践指导方面都发挥了积极的推动作用，随着课程思政改革的深入推进，建立课程思政常态化、长效化制度机制意义重大，应重点围绕以下“两个着力”展开：

一方面，着力抓制度机制完善。持续推进课程思政制度机制的不断完善，围绕课程思政示范课程建立健全激励机制建设，为课程思政推进汇聚动能；围绕课程思政建设的效果建立健全反馈优化机制。通过以点带面强队伍，融资源，培养课程思政教学名师，打造课程思政教学团队，建立课程思政教学研究示范中心，推动课程思政不断落细落实、入心、入脑、入行。在物质层面和精神层面加大支持保障力度。高校课程思政全面建设中必然存在不平衡的问题，所以在推进过程中不能千篇一律，搞成“一刀切”，要分类施策，鼓励有能力和有积极性的学校和教师进行大胆的尝试，在实践中根据学生、同行、专家、自我的反思不断迭代优化并积累经验，同时允许部分单位和教师“慢半拍”，教学改革进度可以按步骤依次推进[2]。教育教学实践经验表明，这种具体问题具体分析、循序渐进，结合多主体反馈持续优化教育实践推进的办法是有效的，因此，各地各高校应该完善相关的制度机制建设，进一步强化课程思政建设主体责任，加强示范引领，建立健全资源共享机制建设，搭建资源共享平台，逐渐形成课课有思政、人人讲育人、校校有示范的良好局面，加大支持体系建设，构建国家、地方、高校多层次课程思政建设示范体系，全面推进课程思政高质量建设。

另一方面，着力抓制度机制落实。要用好教师培训机制，教学发展中心要以培养新时代的好老师为基本要求，依托线上线下各类教师交流培训平台，围绕课程思政意识、实践推进、政治素养提升，把课程思政能力素养培训作为教师培训的重要内容，强化师德师风建设，使所有教师都要达到有理想、有道德、有学识，有对学生的仁爱之心的基本素养要求。要用好教育教学督导和评价机制，将课程思政纳入各类评价指标体系，结合职称评审、干部选聘、项目申报、学科评

[1] 闵辉 . 课程思政与高校哲学社会科学育人功能 [J]. 思想理论教育 ,2017（7）:21-25.

[2] 韩宪洲 . 深化“课程思政”建设需要着力把握的几个关键问题 [J]. 北京联合大学学报（人文社会科学版）,2019（2）:7-12.

估、院校评估等工作，推动广大教师树立课程思政理念，站位要高，切口要准，情感要深，扎实做好课程思政的高质量推进，把课程思政工作一步一个脚印地落实到行动实践中。

高校应坚持课程思政制度化，总结规律，不断改革创新，发挥各类课程与思政课同向同行的协同效应，坚持与时俱进，使马克思主义中国化的最新理论成果及时进课堂，共同承担起以习近平新时代中国特色社会主义思想铸魂育人的使命，积极探索将新时代中国特色社会主义生动实践有机融入教育教学全过程。

5.2.2　组织管理机制

《高等学校课程思政建设指导纲要》中明确要求，要加强高校课程思政建设的组织实施和条件保障。要完善高校课程思政建设的组织管理机制就需要把各种资源整合成不可分割的有机整体，使各种各样分散的力量聚集成合力，使机制系统发挥远远大于这些资源合力的课程思政效能。全国各大高校积极推进落实，强化顶层设计的同时循序渐进，以点带面。结合不同学科专业的知识体系特点，适应教育教学规律和人才培养规律，强化分类指导，在高校课程思政教育教学改革实践过程中充分发挥授课教师的主体作用，激发每一位授课教师的积极性与主动性。各地高校在实践过程中不断加强自身的组织保障机制，其中，南京大学强调优化组织机构，以“熔炉工程”为引领，立足“融”和“通”，整合思想政治教育职能，聚合育人资源，构建“三全育人”新格局，改革传统学生管理模式，成立新生学院，全面试行书院制管理模式，推动以书院为特色的“一站式”学生社区建设，为创新推进课程思政建设提供强有力的组织保障。浙江大学抓谋划、强统筹，着力构建“长效化”机制，建立“党委统一领导、党政齐抓共管、各部门紧密配合、马克思主义学院深度参与、各学院具体落实推进”的校院二级联动工作体系，强化课程思政建设的组织领导与全面统筹。上海市高校立足办学定位和人才培养目标，研究制订学校课程思政规划和实施方案，修订完善已有制度文件，将课程思政融入学校的组织架构。有学者就此问题提出，课程思政建设作为一项复杂的系统工程，从纵向维度需要在激发动力的同时形成共识，从横向维度需要各部门间的积极配合与支持[1]。综上所述，建立健全组织管理机制可以围绕

[1] 韩宪洲.以“课程思政”推进中国特色社会主义一流大学建设 [J].中国高等教育,2018（3）.

以下三个方面展开：

第一，强化组织领导。在教育部成立高等学校课程思政教学指导委员会的基础上，统筹研究课程思政建设相关的重大政策，指导地方循序渐进开展相关建设。各省也相应地成立省级课程思政建设专家咨询委员会，结合本地高校特色，合理规划建设工作方案，召开专家研讨会，加强对高校工作开展情况的监督检查。各高校应成立高校课程思政研究中心，从研究、教学、管理多个层面推进组织管理建设，研究中心在课程思政研究方面，一方面加强课程思政学理研究，为实践开展提供坚实的理论基础；另一方面结合本学校的学科特色以及教学实践案例，加强课程思政教学开发研究，为一线教师提供最直接的教学行动指南。在教学方面，定期组织经验交流会和课程思政能力素养培训会；在管理方面，要不断完善组织管理机制建设，形成党委领导、课程思政中心总负责，其他部门协同联动，二级学院抓细落实的工作格局。

第二，强化优质师资队伍建设。教师是保证课程思政工作成功开展的前提，是组织保障体系的关键，高度重视教师的发展问题，需要通过组织培训，提升教师马克思主义理论素养，熟悉党的政策方针路线，培养自身对时政、社会敏感事件的判断力，增强教师教学的感召说服力，让自身以渊博的学识及博大的人格魅力影响熏陶学生品行的生成，引导学生扣好人生第一粒扣子，发挥其作为学生健康成长的指导者和引路人的作用。

第三，加强财政部门的建设资金保障。高校课程思政建设离不开资金的支持，从中央到地方的财政部门制定配套财政支持建设方案，对于中央部属院校，可以通过统筹中央高校的预算拨款或者依托学校发展的其他资源大力支持课程思政建设；对于地方类院校则根据学生的特有资源及发展计划，提升对高校课程思政的支持力度。

5.2.3 资源管理机制

构建资源管理机制可以提升各类资源在课程思政建设过程中的使用效率，有效解决当前课程思政发展中遇到的各类困境。高校课程思政建设就是要摆脱只有思想政治理论课才开展思想政治教育的狭隘理念，将学科之间的藩篱之墙打破，有学者指出，围绕每一门课程进行德育资源挖掘，把课程资源、学术资源全部利用好，实现育才育德、知识与价值传授的统一[1]。课程思政体现了高校办学的总目标，是思想政治教育的创新路径选择，是实现“三全育人”的现实需要[2]。全面推进课程思政要完善课程思政理念的引导制度、构建课程思政责任落实制度、探索协同配合制度体系、不断构建资源整合以及动态的课程思政评估制度[3]。高校课程思政建设的进一步深化，需要从宏观方面持续改进制度机制体系设计，从中观方面要严格抓责任落实制度，从微观方面要构建资源整合机制[4]。同济大学在资源管理机制方面积极展开实践，依托课程思政的资源共享和融合延展，从纵向上构建本科研究生一体的课程思政教学体系，并将其贯通专业人才的培养体系。上海高校在开展课程思政教育教学建设过程中着力打通专业壁垒，积极组建教学团队，明确学生引领的主体责任，认真分析学生需求，找准突破口，建立健全效果导向的激励机制[5]。综上所述，新发展阶段建立健全资源整合机制可以着力围绕以下三个方面展开：

第一，统筹推进课程思政一体化建设。统筹推进课程思政一体化建设是课程思政全面推进的题中应有之义，结合专业特点，围绕育人目标，从横向做好各类课程育人的顶层设计，纵向方面依据不同年级学生的发展需求做好持续化统筹推进，聚焦课程体系、教材体系、教学体系、评价体系和师训体系一体化，推动建立教育共同体，整合发挥资源优势，争取打破思政课的校际和学段壁垒，实现优质资源共享，协助构建一体化思政工作体系。课程思政建设必须充分挖掘各类课程思政教育资源，推动各类课程与思政课程形成协同效应，发挥好每门课程的育人功能。

第二，搭建高校课程思政共享资源平台。依托每一位教师对自己学科领域思想政治教育元素的深入挖掘，借助课程思政共享平台，将课程思政资源供所有需

---

[1] 焦连志，黄一玲．从“学科德育”到“课程思政”——习近平关于教育的重要论述指导下的高校德育创新 [J]. 集美大学学报（教育科学版）,2019（1）:1-6.

[2] 裴晨晨．浅析高校开展“课程思政”的问题及对策建议 [J]. 决策咨询 ,2018（4）:77-80.

[3] 胡洪彬．课程思政：从理论基础到制度构建 [J]. 重庆高教研究 ,2019（1）:112-120.

[4] 韩宪洲．深化“课程思政”建设需要着力把握的几个关键问题 [J]. 北京联合大学学报（人文社会科学版）,2019（2）:7-12.

[5] 高燕．课程思政建设的关键问题与解决路径 [J]. 中国高等教育 ,2017（Z3）:11-14.

要的教师学习、交流和探讨，并将这种分享精神不断地影响其他优秀教师，使平台不断汇聚更多课程思政高水平教师，建立学科育人共同体[1]。与此同时，高校课程思政的案例资源库逐渐丰富，优质资源越来越多。另外，学校也可以集中骨干教师力量，统筹优势资源，建设优质的课程思政体系，通过平台交流分享，促进教师课程思政能力快速提升。

第三，善用大思政育人资源。用好社会大思政的育人资源，结合社会实践、红色旅游基地、志愿活动等开展协同化课堂思政教学，例如，及时地将女足精神和奥运精神融入教育教学，组织学生积极报名参加冬奥会志愿活动，使社会中的思政元素进专业、进课堂、进学生的头脑。用好学校内外的优秀师资力量，为学生打造优质课程，运用一流课程建设中的成功经验及众多资源，服务课程思政的全面建设。

5.3 高质量建设的保障：评价机制

高校课程思政建设的评价机制是对其建设效果的检测与反馈，是整个课程思政建设运行系统的闭环关键，也是课程思政机制建设的重要构成。高校课程思政的评价体系建设影响课程思政建设发展的方向，正所谓有什么样的评价指挥棒就有什么样的教育发展导向。当前，高校虽十分重视课程思政要求与教师培养和管理相结合，但立德树人的成效评价是一项涵盖教书育人的综合性评价，在评价体系中如何科学选取评价要素、如何量化实施，尚无统一的标准和有效的办法，这直接导致课程思政评价体系要么缺失，成为集体无意识；要么不健全，过于宏观；要么片面，有失合理性[2]。因此，评价机制作为教育教学工作中重要的“施教—反馈—总结—提升”循环链条，若不尽快建立健全，全面推进课程思政势必弱化“软指标”，势必影响课程思政生成机制持续推进和质量提升。课程思政评价是对课程开展价值评价的具体过程，是课程思政教学体系形成闭环的最关键环节，能帮助教师有效改进教学策略，对课程思政建设具有重要的推动作用。《高等学校课程思政建设指导纲要》要求高校建立健全多维课程思政建设的成效考核

[1] 邱伟光．课程思政的价值意蕴与生成路径 [J]. 思想理论教育 ,2017（7）:10-14.

[2] 戴少娟．高校课程思政的核心要素解构与系统集成创新 [J]. 中国大学教学 ,2021（6）:58-62.

评价体系以及监督检查机制，在各类不同的考核评估评价工作中落实，在高校深化教育教学改革过程进行落细，各级各类的教学指导委员会、相关的学科评议组以及专业学位的教育指导委员会，还包括行业职业教育教学指导委员会等领域的专家要充分发挥他们的组织作用，共同研讨并制定科学多元的高校课程思政评价标准。《深化新时代教育评价改革总体方案》指出，教育评价要改进结果评价，强化过程评价，探索增值评价，健全综合评价[1]。因而，基于课程思政的特殊性，厘清课程思政评价的逻辑，逐步构建完善的课程思政评价体系，是课程思政研究领域待破解的重大难题，高校和教师应高度重视，持续优化，不断提高课程思政工作的针对性与实效性。

5.3.1　评价的原则

评价体系的完善对课程思政的全面高质量推进具有重要的意义。构建课程思政评价机制是对课程思政教育过程中各环节与实施细微处的整体分析研究与评估，犹如人体免疫调节机制，作用重大，它是推进课程思政全面实施的重要保障，评价机制的保障作用体现在对于课程思政的促进作用与对于课程思政推进实施的测评作用，可以很好地调动教育者的主动性，促进课程思政的实施与发展，在实施中找到问题之所在；对于课程思政的顶层设计、组织架构、课堂教学等诸多环节均具有良好的保障及督促作用。它是检验课程思政教学质量的衡量标准，对于如何衡量老师课程思政工作的质量和要求，评价机制可以作为很好的支撑，通过机制内的衡量来确保课程思政的落实与质量，在标准引导下，形成教育、反省、再教育的教学模式，促进课程思政的发展。它是提升课程思政育人成效的重要反馈，课程思政的核心是以生为本，育人不只是教育的输出，更需要教育成效的反馈，在教学过程中及时反馈存在的问题，可以使我们更加清晰地认识到课程思政工作中取得的成效和存在的不足，通过一轮又一轮地反馈、调节和提升，能有效促进以生为本的育人成效。

课程思政评价有别于思政课程评价，虽然二者在本质上都为立德树人服务，但是，其评价主体、评价对象和评价指标等方面的内容皆有差异。关于评价主体，高校课程思政的评价主体不仅包括专业课和公共课教师，还包括学生和管理

---

[1] 中共中央、国务院．深化新时代教育评价改革总体方案 [N]. 人民日报 ,2020-10-14.

者，而思政课程的实施主体是思政教育工作者，参与课程思政评价的教师范围比思政课程的要广，在评价对象方面，思政课程的评价范围相对较小，而课程思政评价不但包括思政课程评价的课程、学生和学校评价，还包括专业评价、人才培养评价等，课程思政更侧重思想价值引领，而非系统的理论教育，是思想政治教育的关键环节；在评价指标方面，高校课程思政建设的评价指标主要针对整个课程思政系统的建设情况，其具体的评价指标体系的构建中，更加注重教师在课程思政建设工作中的作用和学生的成长，重点关注专业课中思政元素是否挖掘到位、专业知识和思政教育内容是否做到有机融合，而思政课程评价指标只是课程思政评价体系的一部分，更注重思政教育理论的系统性和规范性，教学内容的高阶性和前沿性，教学方法的生动性，课堂氛围的感染力、亲和力和有效性等。

高校课程思政评价体系在高校课程思政建设过程中发挥着引导、诊断、调节、激励及鉴定等功能。引导功能主要体现在教学目标的导向方面，课程思政评价以课程的价值目标为引领，通过找出实际教学与价值目标之间的差距，不断更新教学内容；激励功能主要体现在课程思政评价对教育者和受教育者双向激励、教学相长的影响方面，激励教育者能使其花费更多精力与时间投入课程思政的教学工作中，为激励受教育者取得良好成果而有成就感。调节功能主要根据课程思政评价的诊断结果进行教学设计的调整，使教育者不断改进教学计划和方式，优化教学路径，努力实现既定的课程育人目标。鉴定功能主要体现在鉴定任务建设、任务设计、任务布置及任务完成效果上，学校能否完成强国建设所需的人才培养目标，教师能否完成教书育人、立德树人的使命及任务，学生能否树立正确的世界观、人生观和价值观。总之，高校课程思政建设应充分发挥课程思政评价的引导、诊断、激励、调节及鉴定作用，形成课程教学闭环，不断提升课程思政的教学质量。课程思政评价体系作为一项极其复杂的系统工程，在其构建过程中必须充分考虑课程的内容、课程的方法、课程育人的实施，以及课程思政的效果评价，因此，课程思政的评价体系构建应当遵循一定的构建原则，是课程思政科学评价的重要保障。

第一，质性评价和量化评价相结合。在课程思政评价体系构建中，量化评价通过数量化分析课程思政要素，形成一个标准的评价尺度，杜绝随意性；质性评价通过评价者和被评价者的双向交流，运用描述性手段，揭示非数量化的课程思政信息特质，作出科学的价值判断。二者结合互补，可以弥补量化评价对非数量化信息判断的不足，使评价过程更趋科学性和规范性。课程思政具有典型的隐性育人特征，其教学成效的评价原则与教师的积极性息息相关，因此，灵活多元的评价能极大地尊重教师的主观能动性，获得科学全面的反馈。

第二，总结性评价和形成性评价相结合。在课程思政评价体系构建中，形成性评价是阶段性的对某课程思政实施过程的评价，这种评价方式能了解课程思政教育的进度和发现相关问题，并作出及时处理，以调整和完善实施方案；总结性评价是对已完成的课程思政教育整体性地作出等级评定。通过形成性评价，在课程思政教育过程中一次又一次地调整，使教育成效越来越靠近教育目标，直至实现。总结性评价可以直观地了解是否达成教学目标。在理工科课程思政的教学评价中，具体表现为倡综合性。教师为将课程思政教育内化于学生的思想品格中，并不是一个简单的过程。教师在教学过程中必须综合运用多种教学方式，多个专业知识，并在实践中查漏补缺，拓展新的课程思政教学思路，逐步搭建一个综合立体的课程思政教学体系。

第三，发展性评价和诊断性评价相结合。在课程思政评价体系构建中，诊断性评价是教师根据学生的具体情况及课程思政教学目标，制定最能排除学生学习障碍的教学方案；发展性评价是教师通过与学生建立一定的信任关系，然后通过合理评价，让学生能够不断地认识自我，在此基础上进一步积极地发展自我和完善自我。诊断性评价使教师了解学生，发展性评价使学生认可教师，二者互为促进，将正反馈地达成课程思政教育目标。在理工科课程思政的教学评价中，具体表现为重感悟和观实效。课程思政教育的目的重在塑造学生的思想品格，是让学生通过潜在的思政教育，形成具有自我意识的优良品格。因而，教师在课程实施过程中应以“感悟”为出发点，有机融合专业知识与思政元素点，触动学生的心灵，进行高效教学，课程思政的实效性最为明显的特征即是学生思想品格和专业学习态度的转变，进而促进其学习进步，身心发展，并提升其对社会的关注度，这些正是高校课程思政评价的真正意义所在。

5.3.2　评价的策略

高校课程思政建设的评价体系构建首先要澄清评价的主体，也就是需要明确高校课程思政建设到底应当由谁来做评价，评价主体是不是科学性关系着高校课程思政评价结果的信度和效度。依据评价主体在高校课程思政评价过程中所处的地位以及所发挥的不同作用，评价主体被分为管理主体、教育主体以及受教育主体。其一，高校课程思政评价的管理主体主要指教育的管理者，管理人员基于对高校课程思政的实施过程进行监督检查以及效果评价指导，以确保高校课程思政政策的落实与执行，并根据高校课程思政建设实践过程中存在的问题进一步优化各类制度机制建设。其二，课程思政评价的教育主体是教师，教师在高校课程思政建设过程中不但是重要的实施者，也是主要评价者，包含以教师自身为对象的自我评价和同行评价。在自我评价方面，教师可以通过在课堂教学过程中，观察学生在融入思想政治教育以后的参与度、兴趣度、获得感等，运用问卷调查或者教学测验方法，进行教学的深刻反思，基于科学梳理及课程设计的迭代，提升课程思政融合的有机程度，确保课堂思政的育人效果。在同行评价方面，同行包括课程思政本领域的专家以及督导等主体，他们自身对课程思政理念有深刻的理解及认识，对高校课程思政相关研究领域的发展现状有较为全面的把握，他们基于对课程的教材、教法的评价，课堂教学过程形成的信息化数据等，结合形成性和诊断性评价，使教学评价成为贯穿教学全过程的动态评价。其三，课程思政评价的受教育主体是学生，学生作为课程育人的主要对象，他们的综合素养水平的提升，对教师课堂教学的直观感受，可以直接提供教师课程思政实施情况的数据，反映高校课程思政的建设效果。

高校课程思政建设的评价策略中，有针对课程思政本身开展的整体性评价，也有就基本要素开展的局部评价，这些不同的评价策略既是一个独立的个体，也是一个互相协同的整体。就学生的综合素养评价而言，其从高校课程思政育人的学生整体效果出发，评价的内容不仅应当包括学生的德育素养，还应当包含其学业水平，这是因为其专业学习潜隐着思想政治素养教育，学生学习的效果好坏从侧面反映了其积极的学习工作热情，所以，要充分利用学生的课堂表现、考试成绩、学习态度等数据信息，认识到学习效果和价值评价之间的积极正相关关系，否则，就会与高校课程思政的初衷背道而驰。就基本要素的评价体系而言，其从教师的课程思政教学评价标准出发，评价的内容包括教学的目标、内容、方法、情境、手段等，通过规范化的教学大纲、教案、考核标准完善要素评价体系。针对高校课程思政的主要评价方法有主观描述性反馈评价和量化问卷评价，其中，主观描述性反馈评价可以更直观地反映课程思政教育对象的育人成效，高校课程思政的建设目标尤其强调其价值育人目标的实现，由于不同学生在思想发展、认知水平、家庭背景、成长环境等方面的差异，相同的课程内容产生的育人效果却有所不同，因此，基于学生的主观性描述反馈，教师以及课程思政建设管理部门均可依据其一定量的数据反馈分析总结其课程思政建设的成功经验和失败教训，通过对比实际所完成的育人目标与原设的课程思政价值目标差距中不断优化建设路径。量化问卷评价能够间接地反映高校课程思政建设过程中存在的问题，通过设计一系列与课程思政教学相关的问题让学生作答，从而掌握学生对知识技能的理解掌握程度，对社会核心价值理念的接受与认同，将这种分析方法用于同一个教师所讲授的不同班级之间，或者同一课程不同教师的班级之间的差异化数据对比分析。主观描述性反馈和量化问卷评价从受教育者的主观角度和客观分析进行评价，保证了评价策略的全方位性和多角度性，只有紧紧抓住高校课程思政教育教学改革的初衷及内在要求，坚持教学评价的基本原则，制定符合高校课程思政教育教学规律的评价策略，高校课程思政的教学评价工作一定能够真正发挥其应有的育人功能，保障其教育教学质量，推动其价值育人目标的全面实现。因此，高校课程思政评价策略可以具体围绕教师和学生两个对象进行构建：

一方面，以学生为评价对象的高校课程思政评价策略。学生的学习成效是一个缓慢提升且不断增值的过程，因此，对于学生维度的课程思政评价方法，应当结合过程性评价、增值评价和综合性评价展开。“过程性”是指学生学习并吸收思想政治素养的过程；“增值性”是指学生从课程思政的春风化雨中汲取的能量的多少；“综合性”是指学生整个学习过程的所得。学生学习维度的课程思政评价应当以过程性评价为主，综合性评价为辅，客观反映学生知识接受与思想价值感悟的结合程度，便于发现可持续产出的方向。评价过程中，围绕学生在各种媒体或者公共场合的言论、行为，基于其专业视角对思想政治理论的理解及其实际运用等内容为观测点进行重点考核，运用过程性评价与结果性评价相结合的方法，将评价贯穿课前、课中、课后全过程，通过科学评价体系提升高校课程思政的育人效果，凸显教育教学过程的产出导向以及持续改进的导向。

另一方面，以教师为评价对象的高校课程思政评价策略。教师教学维度的课程思政评价可以分为自评和他评两种方式，自评可以从单次课堂教学出发，也可以围绕整个教学过程；他评则分为管理者评价、教研室评价、学生评价、竞赛评价。多样化的评价体系，有利于对高校课程思政的建设现状做出科学的认识并进一步提出优化方案。教师教学维度的课程思政评价过程中以文本评价为主，教学观察为辅，既有静态的反映思想政治教育元素开发深度的教学方案和教学反思，也有动态的教学过程和学生体验评价，两种评价相互补充。基于教师的教学材料、学生的作业、课堂的反思，学生课堂的参与度、思政元素课堂融入的有机性等内容为观测点进行重点考核。以静态的文本评价为起点，根据不同课程的专业性特征所形成的特色价值目标，通过提升课堂的温度性和师生互动的高效性发挥课程最佳育人效果。

5.3.3 评价体系的构建

基于上述分析，结合现有研究成果，本研究着力从管理评价、教师评价和学生评价三个维度探索多主体课程思政评指标体系，从而增强教师的课程思政育人能力，提高课程思政建设质量。

（1）高校课程思政评价体系构建的基本理论

评价是对高校课程思政教育教学效果的评估，而育人效果首先看学生，所以，高校课程思政评价以学生的思想政治素养发展水平为关键，其次以教师的课堂教学评价为拓展，最后以专业思政群的建设评价为延展。就学生维度而言，从课程思政育人的效果出发，学生思想政治素养水平的发展状况作为高校课程思政评价的基点，课程思政建设不但有利于实现学生知识技能的提升，还有助于完善其思想道德水平，关于其具体的评价方式，可以基于教师在课堂教学过程中对学生状态的实时评价、阶段性评价以及总结性评价，也可以是来自其他主体基于自身的组织发展需求对人才的标准需求所做的评价。就教师维度而言，从教师综合能力出发，以教师课程思政育人的素养能力水平为基点，通过教师自评和学生、同行的他评方式相结合，围绕教师自身的思想政治理论素养，以及在课程思政教育教学实践过程中的教学目标和思政元素的融入能力等方面开展综合评价。就管理者维度而言，从课程思政工作落实的全面保障出发，围绕组织机构的完善、各部门之间的联动、跨专业教师间的常态化交流、教师的培训学习机会、资金的保障等机制的建设是否健全，在一流课程、一流专业建设过程中是否将课程思政纳入评价体系等内容开展宏观的综合评价。

（2）课程思政评价的指标体系

高校课程思政的评价指标是指把高校课程思政评价的对象量化，变成可以进行评价的指标。高校课程思政评价面对的是整个系统工程，在这个过程中，高校课程思政评价的核心主要在于评价体系的构建，本研究课程思政的构建因素基于三个主体维度：管理者、教师和学生，但该评价指标不针对具体的学科专业，还需要具体学科具体细化指标。因此，整个课程思政评价指标体系的一级指标构建中包含三个维度（见表 5-5），即“三维九类”的评价指标体系，为构建课程思政多主体协同评价模型提供前提和基础。

表5-5　课程思政评价指标体系

<table>
<tr><th>一级指标</th><th>二级指标</th><th>指标解读</th></tr>
<tr><td rowspan="5">组织管理</td><td rowspan="2">组织机构</td><td>组建高校课程思政建设指导委员会。提供专家咨询，业务指导，结合实际研究制定学校课程思政建设工作方案，推进课程思政落实</td></tr>
<tr><td>建立课程思政研究中心。打造示范课程，培养教学名师，组建教学团队</td></tr>
<tr><td rowspan="3">机制建设</td><td>联动机制。建立党委统一领导、党政齐抓共管、教务部门牵头、以课程思政建设指导委员会为中心，相关部门联动，院系落实推进，建立健全自身特色鲜明的学校课程思政建设联动机制</td></tr>
<tr><td>交流机制。设立专业课教师与公共基础课教师的交流活动，举行多校联合交流会，展示各高校的课程思政效果评价，完善教师交流学习机制</td></tr>
<tr><td>培训机制。定期对专业课教师与公共基础课教师进行培训，提高教师的专业水平和政治素养，加强师德师风建设，建立健全教师课程思政能力培训机制</td></tr>
<tr><td rowspan="5">教师评价</td><td rowspan="4">基本素养</td><td>理想信念</td></tr>
<tr><td>道德情操</td></tr>
<tr><td>扎实学识</td></tr>
<tr><td>仁爱之心</td></tr>
<tr><td>课程思政能力</td><td>教学设计</td></tr>
</table>

续表

一级指标	二级指标	指标解读
教师评价	课程思政能力	教学目标
		教学内容
		教学方法
学生效果	专业精神	专业认同感，即对本专业的认可度与自豪感
		专业志向，即未来从事本专业的志向
		科学道德责任感，如社会责任感与科学道德感
	家国情怀	责任担当，如努力学习专业知识、勇于创新、积极服务社会等
		情感认同，对各时期涌现的五四精神、民族精神等的情感认同
		理想追求，把个人理想与国家民族理想相互贯通，勇于奉献
	行为实践	入党积极分子
		立功行为
		诚信行为
		有无违规违纪情况
	校园活动	学生社团活动、志愿活动等
		各种竞赛、学术创新项目等
	学习情况	学科成绩、缺勤情况、奖惩情况等

（3）多主体协同评价模型及运行

在课程思政评价设计上，大多数高校并非轻车熟路，甚至有些还处于摸索阶段，而课程思政所涉及的学科范围尤其广泛，且形式多样，不仅需要教师探索适合自身的课程思政教学之路，还需要教师结合学科特点与自身特点来融合课程思政。在此背景下，课程思政的评价体系一般面向教师的自身实力以及课堂的教学效果。但是这些并非是构建评价体系的唯一途径，在当下信息飞速发展的时代，评价体系的设计上，不仅要考虑教师的硬件能力、课堂教学的设计与效果，还需要考虑网络教学资源、管理者协同，思政元素与其他学科的有机融合，学习场所的拓宽，网络教学平台的设计与运行等。具体评价过程见图 5-2。

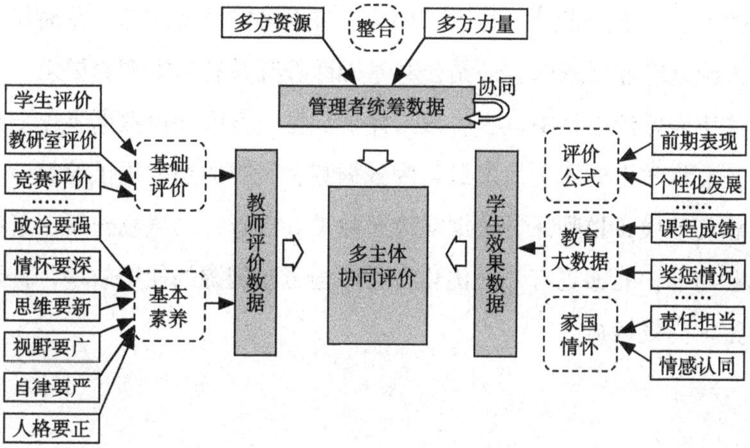

图5-2　多主体协同评价模型

第一，管理者统筹数据的生成。与课程思政相关的管理主体协同并通过多方资源整合与力量整合，共同参与课程思政的效果评价，如教育管理部门、教学单位等主体相互协同，在党委领导下，提升管理主体协同合力，确保课程思政评价工作朝着制度化、程序化的方向发展[1]。

第二，学生效果数据的生成。学生主体评价的数据主要来自大学生课程思政素养的日常表现，包括三个部分：评价公式包括前期表现和个性化发展两部分（前期表现，即大学生在以往学校中课程思政表现及日常表现；个性化发展，包括学生社团活动、各种竞赛项目、志愿活动等）；教育大数据，即教学平台中的教学数据、课程成绩、缺勤情况、奖惩情况等；家国情怀的量化评价，包括责任担当、情感认同、职业理想等。

第三，教师评价数据的生成。教师主体评价的数据主要来源于基础评价与基本素养。基础评价采取多方位的评价，通过学生评价、教研室评价、竞赛评价等多方评价，有利于对课程思政教师的课程思政能力素养开展全方位的教育教学反馈，从而帮助教师快速优化课程设计，提升课程思政的育人效果；基本素养则来自于习近平总书记对教师提出的要求“政治要强、情怀要深、思维要新、视野要

[1] 赵晓兵，殷雅辉．课程思政评价体系构建与效果提升 [J]. 中学政治教学参考，2021（48）：20–22.

广、自律要严、人格要正”[1]，以及“四有”好老师的教育理念，是对所有课程思政教师，无论是专业课教师，还是公共基础课教师共有基本素养要求。

多主体协同评价模型中，学生效果评价数据与教师评价数据不仅能够有效预警学生，还能将学生的课上情况量化为数据甚至直观的图形提供给教师，以便教师进行反思与迭代；教师评价数据对改善教学具有直接的激励作用；管理主体在统筹协同参与下，能够更有效地优化各类课程思政资源的使用效率，推进课程思政系统的整体高效运行。

[1] 习近平 . 思政课是落实立德树人根本任务的关键课程 [M]. 北京 : 人民出版社 ,2020:12-15,23.

第六章　三大机制的交互作用与耦合优化

在高校课程思政的生成机制中，协同、施教和保障三大机制各自发挥着重要作用，三大机制构成有机整体，彼此之间相互影响、相互作用。从系统论的视角出发，要达到三大机制之间运行的最优效果，需要努力实现三者之间的耦合优化。

6.1　交互作用

竞争与协同是系统演变与发展过程中的内在动力，根据协同学的观点，竞争是因各要素和各子系统间因差异的存在而使系统远离平衡态，它是协同的前提和基本条件。协同是系统内部各要素和各子系统之间相互联合、相互协调共同发挥作用，在协同学中具有更为重要的作用，是系统整体性特征的内在表现。竞争和协同作为系统的两大相互作用，竞争促使系统趋于非平衡态，而协同则联合各子系统的运动趋势，支配系统朝有序而稳定的方向演化[1]。高校课程思政的机制建设作为一项复杂的系统工程，它的生成和演化离不开各子机制之间的作用与协同。课程思政的协同、施教和保障三大机制在不断的相互作用和相互协同作用中促进课程思政系统的运行和发展。这三大机制由于各自的属性与特点不同，在课程思政机制建设中所发挥的功能存在一定差异。它们彼此之间的差异也是高校课程思政机制建设得以存在和发展的首要条件，使课程思政系统在整体运行和发展中实现各大机制间的相互影响和优势互补。在高校课程思政机制建设中，三大机制间的相互作用和协同过程表现为它们之间的交互作用，三者虽然各不相同，但又相互关联且相互影响，使系统整体可以持续运行，并发挥育人功能。

---

[1] 吴彤．自组织方法论研究 [M]. 北京：清华大学出版社 ,2001:48-49.

6.1.1 协同机制与施教机制的交互作用

在高校课程思政机制建设中，施教机制作为课程思政实践过程的内在机理，关乎课程思政能否顺利实施和开展，关乎协同机制发展的方向，协同机制与施教机制之间发生着相互渗透和相互促进的交互作用关系。

一方面，课程思政的协同机制汇聚多方资源推进施教机制实施效果的实现与提升。协同机制包括主体协同、载体协同和环体协同，这三个方面共同推动着施教机制的发展。其一，主体协同。构建以“实施主体、接受主体与研究主体”为内容的“三位一体”教育共同体，发挥各类主体的育人合力，“三位一体”教育队伍的形成对于施教机制中各个主体都产生了激励作用。就教师方面而言，只有广大教师在认识上谋得一致，行动上才会自觉，课程教学中才能有意识地守好一段渠、种好责任田，要让全体教师明白课程思政不是增开一门课，也不是增设一项活动，而是将高校思想政治教育融入课程教学和改革的各环节，以实现立德树人的目标。其二，环体协同。将网络环境、校园环境、社会环境中的育人资源与课堂育人环境实行有效互动衔接，为课程思政的施教机制打造良好的育人场域，共同助力课程思政建设。其三，课程协同。加强思政课程与课程思政的协同，对于两者各自发展都有促进作用，教学内容、教学方法和教学评价一体化改进，对于提高教师工作和学生的学习积极性都具有一定的调动作用；加强专业思政与课程思政协同，对课程思政建设的整体施教机制产生推动作用；加强大中小学课程思政一体化协同，做好大中小学课程思政的衔接工作，符合受教育主体的成长和学习规律，能有效提升课程思政的运行效果。协同机制从整体来看对施教机制的各个主体产生激励作用，只有主体之间协作好，才会使施教机制产生最大效益。

另一方面，课程思政施教机制促进协同机制的高质量发展。施教机制能将协同机制聚集的各方资源通过教师、课程、课堂的实践路径进行整合，从而转化成思想的力量，课程思政施教机制的最终目的是统筹各种资源，调动多方面的积极性，真正推动课程思政这一系统工程高效开展，使育人效果最大化，推动课程思政协同机制良性发展。课程思政施教机制是协同机制的推动力，教师队伍建设、课程体系开发和课堂活动组织是施教机制的重要组成部分。思想政治理论课教师要引领广大教师提升育人能力，从而推动协同机制中教育主体的发展，其他教师要积极提高自身的思想政治素质，提高教学设计水平、制订适合学生的教学方法，提高学生的课堂积极性，最终提高学习思想理论的自觉性和积极性；反之，如果教师的政治素养不高，教学设计与教学方法不符合学生吸收知识的客观规律，自身的教学积极性也不高，则必会导致学生的积极性下降，阻碍主体协同中教师育人的效果。在课程设计过程中，要坚持以学生需求中心，学生的内生动力也是施教机制激励功能的重要部分，施教机制中的学生主体直接影响协同机制育人的效果，课程思政的最终目的就是潜移默化地影响学生的思想观念与社会道德思想，从而提高其政治素养与政治认同感，帮助他们树立正确的价值观，只有激发学生自主自觉学习思政知识，提高对思政知识和课程思政的积极性，树立并坚持正确的价值导向和政治导向，唯有如此，才能保证协同机制中接受主体的学习效果，促进主体协同的发展。此外，课堂作为施教机制的主体部分，也关乎着协同机制的健康发展，课堂包括传统课堂、在线课堂和翻转课堂，实现各类课堂的良性运行，是环体协同育人氛围打造的重要前提。总之，课程思政协同机制为施教机制提供条件，而施教机制又促进了协同机制的健康发展，两者相互促进，不可分割。

6.1.2　施教机制与保障机制的交互作用

课程思政的施教机制与保障机制存在一定的关联性，正常的运行都离不开有效的保障，保障又围绕运行任务而高效开展，本质上，施教机制与保障机制两者相互作用、相互促进、相互融合。

在高校全面推进课程思政建设过程中，课程思政施教机制与保障机制之间具有密切联系，彼此交织、相互促进。课程思政施教机制具有协调性、灵活性和高效性，在课程思政机制建设中能将基于协同机制聚合的各种资源力量转化为思想力量。但若要维持其正常运行，则需要借助课程思政保障机制的“助力”功能，将对推进课程思政建设过程中出现的障碍进行有效的预防及应急处理。课程思政保障机制为施教机制保驾护航，课程思政施教机制为保障机制提供明确的任务目标。在整个课程思政机制建设过程中，施教机制和保障机制之间具有密切的交互作用关系。

一方面，课程思政施教机制引导保障机制的发展。课程思政施教机制从主体、载体和环体，即教师、课程和课堂出发引导课程思政保障机制的建设和发展。就提升教师能力而言，通过制度机制完善，加强对教师的课程思政意识、政治素养、专业素养、终身学习持续发展能力、思政元素挖掘能力等方面能力的全面提升，促进制度机制在提供培训、交流及经费方面支持的政策体系的完善，以帮助教师顺应课程思政的教育教学改革要求，做好课程思政工作的高质量建设。就课程设计开发而言，基于大量案例，通过扎根理论及案例内容分析提出的课程思政模型，引导完善课程评价保障的反馈机制。就课程思政课堂建设而言，在线课堂、翻转课堂等课堂新形态的出现促进课程思政传播机制内容的创新，全面发挥课程思政课堂主阵地的作用，以适应技术时代教育教学的新特点。

另一方面，课程思政保障机制是施教机制的重要基础。课程思政保障机制重点围绕制度建设、组织管理和资源整合子机制的完善打牢课程教学改革建设的制度根基、领导支持、组织队伍建设、资金保障等基础；依托传播机制，从主体、信息、方式到受众，使大众对课程思政理念从无知、认知到认同，让学生从被动接受到道德自觉，发挥教师作为教育信息控制者的引导力，不断优化课程价值传播的内容以及传播路径。围绕课程思政的评价体系，通过教学的多维反馈和总结，教育成效的检测与呈现，明确评价的原则、方法，探索评价指标体系的构建研究，以解决课程思政研究领域待破解的重大问题，不断提高课程思政工作的针对性与实效性。

课程思政施教机制的开展前提、具体过程和价值目标都受保障机制的制约与影响，当其与保障机制同向同行时，其育人效果才会达到最大化。总之，课程思政保障机制为施教机制提供前提和保证，而课程思政施教机制又推动了保障机制的发展，两者相互促进，交互影响。只有在课程思政施教机制与保障机制交互作用下，才能事半功倍地完成课程思政的育人目标。

6.1.3 协同机制与保障机制的交互作用

课程思政的协同机制在生成机制中发挥了“化力”功能，而保障机制在生成机制中则承担着“助力”功能，激发各类主体的主观能动性，形成课程建设的助推力量，构建高校课程思政建设庞大的支撑体系。在课程思政机制建设过程中，协同机制与保障机制之间有密切的联系，两者互相影响、相互交织。协同机制是课程思政工作落实的主要环节，关系着课程思政建设是否能够平稳有序地推进，是课程思政的关键。但是若要全面且有效地推进协同机制的实施，离不开保障机制的重要支持，协同机制的平稳推进依赖保障机制得以实现。保障机制为协同机制提供了健全完善的监管制度与相关机制，是协同机制的重要前提与保障。在课程思政施教机制中，协同机制与保障机制有密切的交织关系，起到了重要的推动作用。

一方面，保障机制为协同机制提供支持。协同机制的建设有利于激发课程思政教育的内在动力，表现为“化力”功能，保障机制则为课程思政的实践活动提供各方面条件，表现为“助力”功能。当前，课程思政教育的主体还是以任课教师为主，教育的力量较为单一，课程思政的内在动力无法被激发，而协同机制使得能够参与课程思政教育的主体都以不同的形式参与到队伍的建设中来，丰富了课程思政的教学形式，包括教师、学生、管理者和研究者等，通过各主体之间相互协调、相互配合、互通有无的有效对接，课程思政的教学更加具有实践性，而这种不同特色的主体之间的相互碰撞有利于激发课程思政教育的潜在力，从而形成“化力”。保障机制是课程思政实现可持续发展的重要机制，是高校课程思政协同机制建设的有力支撑。高校课程思政的保障机制是为了实现立德树人的育人目标，使发挥保障作用的所有内部要素和外部要素之间通过合理搭配、密切互动、协调运作来保证高校课程思政得以有序有效进行的作用方式，发挥教师引导力、提升理念的网络传播力、激发学生的主体能动性，为协同机制的运行提供强有力的机制保障。

另一方面，协同机制为保障机制提供条件。课程思政保障机制无论是学校的组织管理，还是教师教学实践等方面，都在为协同机制提供有力的支撑和保障。保障机制中管理机制的构建建立健全了制度管理机制、组织管理机制以及资源整合管理机制，使高校课程思政建设的组织实施和条件保障得到了进一步加强，解决了课程思政教育教学过程中存在的诸多问题，进一步为协同机制的进行与发展提供了可能，保障工作落到实处，协同工作才能够顺利地进行和发展。协同机制将思政课程与专业课、通识课同向同行，统筹兼顾大中小学课程思政一体化育人，为培养民族复兴人才发挥重要作用，并将课程思政主体推向每一学科，对课程思政的主体进行细化，充分为推动课程思政的保障机制提供各类资源条件。

综上所述，课程思政的施教机制、协同机制与保障机制是课程思政机制建设的重要组成部分，三大机制中的任一机制都与其他两个机制紧密联系，彼此间交互作用，它们互相影响、共同发展，任一机制都不能单独存在，在交互作用中共同促进课程思政系统的健康高质量运转。

6.2 耦合优化

课程思政的协同、施教和保障三大机制在系统整体运行过程中不但相互作用、相互影响，而且相互协同，高校课程思政的建设目标不是仅凭借某一个要素的优化就能实现的，而是必须发挥各大机制之间相互配合、相互协调、相互促进，形成高度的耦合关系才能促进整体机制的优化，真正推进高校课程思政育人效果的有效提升。

耦合是从系统整体的结构运行视角出发，探讨如何才能使高校课程思政的建设效果实现最优化。耦合指的是两个或者两个以上的系统或者不同的运动方式，彼此之间通过相互作用、相互影响而达成协同的现象，反映了不同的子系统之间相互依赖和相互促进的一种动态关联关系。系统耦合基于各类不同的子系统或者不同的要素之间的相互作用以及相互影响，促使系统由混沌的无序状态走向相对有序而稳定的过程。由此可见，在耦合关系中，各个子系统都有各自的运行方式与目的，且它们的整体走向是一致的。所谓耦合关系，即机制间的“自转”与系统整体的“周转”相结合，进而形成一种相互协调、相互促进的动态关联关系。

因此，要促进高校课程思政系统整体的优化运行，需要三大机制彼此间的相互协调、相互耦合。实现系统的整体优化需要协同机制、施教机制、保障机制在课程思政建设中充分发挥各自育人功能。其中，要实现课程思政整体的耦合优化，需以协同机制为推进课程思政全面建设的基本前提、以施教机制为课程思政建设的关键环节、以保障机制为课程思政持续发展的重要支撑。

6.2.1 以课程思政协同机制为前提

课程思政得以有效的运行，最重要、最基本的动力来源是主体、环体、载体的协同。课程思政协同机制是促进课程思政构成要素协同运行的有效机制，从根本上主导、推动着课程思政的运行。高校课程思政建设是一项复杂、动态、开放的系统工程，受多种因素的影响，必须发挥全部要素的协同育人合力，才能更好地实现高等教育立德树人的高质量人才培养目标。协同机制在课程思政育人过程中发挥着“聚力”的功能，通过汇聚多方合力，使课程思政施教机制、保障机制得以正常有序而高效地运行。

第一，课程思政协同机制是施教机制与保障机制两者得以运转的重要前提。课程思政协同机制明确各类不同的建设主体、课程思政环体与课程思政载体，是高校课程思政机制建设顺利且高效实施的重要前提。协同机制能有效汇聚教育主体与受教育主体、研究主体协同的作用合力；能实现全员、全方位育人格局，重构课堂育人新生态；能结合网络环境、校园环境和社会环境的思想政治教育资源，与课堂思政实现互动支撑，打造良好的课程思政育人场域，打造课程育人新体系；着力构建以思政课程为引领、各类课程横向贯通、大中小学课程思政纵向衔接的“一横一纵一引领”的课程体系。从根本来说，施教机制及保障机制的运转都离不开协同机制，课程思政协同机制是施教机制与保障机制得以运转的前提条件，高校课程思政的全面推进也不是单一主体实施就能实现的，本书从思想政治教育的视角，从主体、环体、载体三维度对课程思政的协同对象进行分析，进而助力课程思政全面高质量推进。因此，协同机制在机制建设中发挥着重要的“聚力”作用，可以说，如果没有协同机制，施教机制和保障机制将会运转得支离破碎又缺乏效率。

第二，课程思政协同机制能有效提升施教机制的工作效率。课程思政协同机制能够全面地为施教机制聚集力量，提高施教机制效率。施教机制是指课程思政在具体实践过程中内部各要素间的相互影响交互作用的过程，良好的施教机制是实现高校课程思政育人规范化、科学化和常态化的重要基础。施教机制的出发点、落脚点是从思想政治教育的主体——教师、思想政治教育的载体——课程、思想政治教育的环体——课堂出发，只有教师、课程、课堂进行高度协调，才能使施教机制积极健康地运转。课程思政施教机制包括教师的能力、课程的开发、课堂的生成，三者同样重要，缺一不可。如果教师综合能力不足，将会直接影响课程思政协同机制及保障机制的运行；若课程设计不到位，则不能顺利实现课程思政的育人目标，同样会为课程思政的机制建设设置障碍；如果课堂环境缺乏育人性，将不能真正落实我国高校立德树人的根本任务，不能在知识传授中实现价值引领，施教机制无法正常地运转。

第三，课程思政协同机制能为保障机制提供队伍及资源支持。高校课程思政机制建设动力来源于协同机制，而为其提供源源不断助推力的是保障机制。课程思政保障机制的特性、功能，甚至存在都得益于课程思政协同机制。在高校课程思政机制建设中，保障机制重点从保障的可持续性、组织管理和高质量建设的角度出发，通过构建可持续发展的传播机制，以传播者、传播方式和传播受众的维度提出传播建议，从而发挥教师引导力、提升理念的网络传播力、激发学生的主体能动性；实施强有力的管理机制；建设高质量的多主体评价体系，从而制约、激励多主体进行协同，提升高校课程思政建设效果。只有多主体之间积极地发挥各自的能力，进行“聚力”，才能吸收并使用保障机制提供的力量，使保障机制保持活力地发展。

由此可见，协同机制在系统整体运行过程中承担着汇聚人力、汇聚资源，实现全员、全时空、全课程育人的格局，只有当协同机制汇聚各类育人资源合力时，才能促进协同、施教和保障三大机制间的联动关系，才能促进系统整体的有序高效运转。

6.2.2 以课程思政施教机制为关键

高校课程思政系统内在的各要素和结构之间相互联系并相互制约，施教机制在其中发挥着关键作用。当系统的施教机制顺应课程思政的发展规律时，就会推动系统迅速发展与推进，从而达到以最小的能量获得最大化的效益与最快的速度。因此，要通过内部调节，发现其运行的内在规律，顺应其发展过程以达到事半功倍的效果。

第一，课程思政施教机制是协同机制与保障机制两者得以运转的必要条件。施教机制明确课程发展的目标，这是机制顺利且高效运转最为关键的地方。施教机制作为课程思政机制建设最核心的构成，在课程思政系统的整体运转中就如同一个开关，一旦施教机制开启，课程思政就会逐渐从理念转化成实践，课程思政系统整体的运转也会由此开始复苏且展开。教师政治素养的提升，学生全面而自由发展的需要，社会对人才培养的高质量要求，是课程思政系统运行的动力来源、维系及保持的重要力量，是机制建设的核心与本质。从根本上看，高校课程思政的协同和保障都需依靠施教机制而发挥作用。施教机制是协同机制与保障机制两者得以运转的必要条件。而且，高校课程思政建设最终需要教师将课程思政理念内化于心，在教育教学实践中形成一种育人的自觉，不断地进行自查与调整，在提升自我政治素养的同时达到自觉的课程育人新境界。

第二，课程思政施教机制能合理利用协同机制的汇聚资源。高校课程思政协同机制是为了使各方资源汇聚，各领域人员戮力同心，只有协同一致，才能实现教育回归育人本质的初心使命，才能不负为党育人、为国育才的教育目标。高校课程思政协同机制的出发点和落脚点都是以教师为主体出发，只有当所有教师积极参与课程思政的教育教学改革实践时，才能使协同机制充满活力地全速运转。协同机制中的主体协同既包括受教育者、研究者、管理者，更重要的是教师的课程思政实践，而且他们是主动、积极、建构性的课程教学实践。如果教师不积极主动地接受新的课程思政理念和价值原则，那么，教育的协同机制就会流于形式，难以对教师的课程育人自觉产生最为实质性影响，从而使机制运转无法正常顺利地展开。

第三，课程思政施教机制能主动吸收保障机制的助推力量。高校课程思政机制建设的动力源于教师的课程思政意识，其实质则是教师通过发挥主观能动性，将课程思政理念转化为外界环境互动的教学实践。课程思政保障机制的存在及其功能的实现，都离不开教师主动、积极的课程思政实践。在课程思政机制建设过程中，没有教师主动、积极地对教学评价体系和制度规范体系进行审视和分析，组织与制度体系将是一种自在经验性存在，不能发挥对课程思政建设的积极影响，也难以营造大思政育人氛围，只有当教师进行积极的教学设计重构、教学方法创新时才能内化吸收课程思政意识的影响，在实践中推进意识形态理念的传播，完善管理和评价体系，使保障机制顺利而高效地运行。

由此可见，施教机制是高校课程思政建设系统中发挥教师和学生主观能动性的结果，从根本上决定课程思政育人的效果，是施教机制实现耦合优化的关键条件。高校课程思政施教机制是经过教育主体的系统性设计，在时间与空间上均处于协同机制与保障机制的中间地带，是协同机制的对象，以保障机制服务的目标，贯通着二者的运转与发展，是高校课程思政全面推进不可或缺的最为关键的环节。

6.2.3　以课程思政保障机制为支撑

在课程思政机制建设过程中，保障机制确保了课程思政系统的有序运转，是课程思政协同机制与施教机制的重要助力，是机制建设中的重要一环，是协同、施教和保障三大机制实现耦合优化的有力支撑。课程思政是落实立德树人根本任务的必然要求，是全面提高人才培养质量的重要举措，涉及学校以及社会多个部门、多个主体的共同参与。由于其相关教学体系建设错综复杂，需要良好的保障机制加以规定和调整，保障机制影响着课程思政系统发展的可持续性。保障机制是课程思政全面推进的基础，是课程思政工作有效落实、思想有力推进的重要环节。课程思政的具体实施过程和价值目标都受保障机制的制约与影响，当其与保障机制相融合时，就能开展更高效的课程思政工作。同时，保障机制通过健全多项制度来协调不同部门、不同主体之间的各项工作，以提高整体工作效率，进一步加快整个课程思政进程有序推进。因此，课程思政的施教机制和协同机制的高效运转都是以保障机制为支柱的，三者之间有密切的联系，它们共同影响、相互作用，因此，课程思政的进一步发展，离不开保障机制的强助力。

第一，课程思政保障机制是协同机制与施教机制两者高速运转的重要支撑。课程思政保障机制作为施教机制和协同机制的助推力，在课程思政发展全面推进过程中沟通二者之间的联系，并协调双方的冲突和不和谐，使二者的运转不偏离课程思政系统正常运转的轨道。科学的评价保障机制为课程设计过程中的教学目标、教学设计、教学内容和教学方法提供专家支持；组织保障机制为课程思政主体队伍协同提供了人才支持，资源共享机制提升了课程思政环体协同效率。课程思政的保障机制为协同机制与施教机制的高质量运转提供科学的有力支撑。

第二，课程思政保障机制促进高校课程思政协同机制与施教机制的相互耦合。高校制度管理保障通过政策体系和规章制度文件的形式，将课程思政的要求和激励政策下达给每一名教师和教育工作者，为课程思政主体的协同与课程思政的实施提供制度保障和行动激励。围绕课程思政理念的网络传播、意识形态的课程传播规律，通过传播机制保障课程思政系统运行的可持续化，提升课程思政主体、课程与课堂协同过程中教育教学实践的育人效果。依托评价体系的反馈优化课程思政教学设计，改善育人环境。课程思政保障机制在促进协同机制与施教机制的相互协调、相互配合中助力彼此间的相互耦合。

第三，课程思政保障机制能够提供协同机制与施教机制建设可持续发展的重要条件。保障机制是课程思政实现可持续发展的长效机制，是课程思政协同机制和施教机制的有力支撑，高校课程思政机制的建设是以保障机制为助力进行的。课程思政施教机制和协同机制都需要以传播机制为媒介、以管理机制为基础、以评价体系为促进，发挥教师引导力、提升理念的传播力、激发学生的主体能动性。保障机制始终对施教机制和协同机制发挥助推作用。同时，课程思政保障机制借助融媒体等多种媒介传播正确的课程思政理念，促进协同机制及施教机制的运转，与此同时，评价的原则、方法及评价体系的构建等能够强化课程思政协同机制、施教机制功能的发挥。

由此可见，协调机制和施教机制都是以保障机制为助力支撑的，也是在理念传播、组织管理和评价体系完善过程中得以运转与实现的。只有当课程思政保障机制保持良性运转时，才能为高校课程思政系统发展的整体耦合优化提供助推力量。

综上所述，高校课程思政建设的全面推进，是各类教育主体、不同课程载体和课堂环体内部各要素和相互彼此之间的交互作用、相互影响。打造课程思政育人共同体凝聚多方合力，重点培育教师的课程思政能力素养；构建课程思政一体化设计，完善课程思政评价体系；通过不同类型的课堂联动，营造良好的课程思政育人场域；通过传播机制、管理机制和评价机制的有效运转，保证课程思政建设的可持续化发展，从而形成高校课程思政系统良性运行的健康生态。在教育教学实践中，推动高校课程思政的高效运转，必须做到：以高校课程思政的协同机制为前提条件，以高校课程思政的施教机制为关键环节；以社会保障机制为基础支撑，实现课程思政系统整体运转的糅合优化。在高度耦合中，三大机制分别有自身的“自转”模式，同时又相互协调、相互配合，围绕高校课程思政系统生态构建了一个“公转”轨道，以此来实现高校课程思政机制的高质量、高效率建设目标。

结　语

本书以马克思主义理论为指导思想，在借鉴教育学、心理学、传播学、文献计量学等多学科理论的基础上，基于学者们的前期研究成果，审视我国高校课程思政的大量实践案例，提出协同机制、施教机制和保障机制是课程思政机制建设中最重要的三大机制。三大机制基于各自的属性、特点，构成一个有机整体，彼此间既各司其职，又相互联系。其中，协同机制承担着聚集合力的聚力功能，施教机制承担着实践转化的化力功能，保障机制承担着推动支撑的助力功能，只有当三大机制相互配合、彼此协调、耦合联动时，才能使课程思政系统有效运转，实现高校课程思政的可持续化高质量建设目标。

课程思政的协同机制主要从主体、环体和载体三个维度出发汇聚课程思政建设的多方资源合力，实现主体维度的教育主体、受教育主体和研究主体间教育共同体的构建，创新环体维度的网络环境、校园环境和社会环境的课堂育人生态，打造载体维度的思政课程、专业课程和大中小学课程思政育人新体系。课程思政的施教机制主要从课程思政的三大主要素的教师、课程和课堂出发，从课程思政能力素养提升的视角提出教师应当考虑多重因素的综合影响，其中课程思政意识、专业素养、思政元素挖掘能力是其重点提升的方面；从课程设计的视角，运用案例分析法，提出应紧紧围绕思政元素的挖掘内容、挖掘路径和有机融合的WWH课程设计逻辑；从各类不同的课堂教学模式出发，提出传统课堂、在线课堂和翻转课堂的有效育人路径。课程思政的保障机制主要从课程思政发展的可持续性、实施的落地性、建设的质量性三个维度出发，提出完善课程思政理念、教师与学生的传播体系；健全制度、组织和资源管理机制；构建科学的课程思政多主体评价指标体系。

对高校课程思政三大机制的研究涉及多学科视野，是对当前高校课程思政发展困境和高质量建设需求的现实关怀和有力回应，研究成果具有重要的理论意义与现实意义。本书也存在一些不足之处，鉴于笔者的学科视野及学术功底，对课程思政生成机制的部分学理阐述不够深刻，在实证量化调研过程中的样本采集不够丰富，新时代高校课程思政的机制研究任重而道远，笔者对高校课程思政的研究也绝不止于此，面对为现代化强国建设服务的人才培养目标，对高校课程思政的可持续化高质量发展的探索将永不停歇。

参考文献

一、中文著作

[1] 陈先达 . 文化自信与中华民族伟大复兴 [M]. 北京 : 人民出版社出版 ,2017.

[2] 陈先达 . 文化自信——做理想信念坚定的中国人 [M]. 长春 : 吉林人民出版 ,2017.

[3] 陈先达 . 文化自信中的传统与当代 [M]. 北京 : 人民出版社 ,2017.

[4] 刘书林 . 科学教育与人文教育相融合的思想政治教育及其方法创新研究 [M]. 北京 : 人民出版社 ,2018.

[5] 冯刚 . 探索思想政治教育发展的内生动力 [M]. 北京 : 人民出版社 ,2017.

[6] 沈壮海 . 思想政治教育有效性研究 [M]. 武汉 : 武汉大学出版社 ,2017.

[7] 沈壮海 . 文化强国的中国逻辑 [M]. 北京 : 人民出版社 ,2017.

[8] 沈壮海 . 文化强国建设的中国逻辑 [M]. 北京 : 人民出版社 ,2017.

[9] 沈壮海 . 论文化自信 [M]. 武汉 : 湖北人民出版社 ,2019.

[10] 施良方 . 课程理论——课程的基础、原理与问题 [M]. 北京 : 教育科学出版社 ,1996.

[11] 袁贵仁 . 人的素质论 [M]. 北京 : 中国青年出版社 ,1993.

[12] 翁铁慧 . 大中小学课程思政一体化建设 : 整体构架与实践路径研究 [M]. 北京：人民出版社 ,2020.

[13] 肖前，等 . 马克思主义哲学原理（上）[M]. 北京 : 中国人民大学出版社 ,2011.

[14] 顾晓英 . "大国方略" 课程直击 [M]. 上海 : 上海大学出版社 ,2015.

[15] 顾晓英 . "创新中国" 课程直击 [M]. 上海 : 上海大学出版社 ,2017.

[16] 顾晓英 . 经国济民课程直击 [M]. 上海 : 上海大学出版社 ,2018.

[17] 顾晓英 . 人工智能课程直击 [M]. 上海 : 上海大学出版社 ,2018.

[18] 陈向明 . 质的研究方法与社会科学研究 [M]. 北京 : 教育科学出版社 ,2000.

[19] 吴彤 . 自组织方法论研究 [M]. 北京 : 清华大学出版社 ,2001.

[20] 周鸿铎 . 应用传播学引论 [M]. 北京 : 中国纺织出版社有限公司 ,2005.

[21] 陈玉琨 . 教育评价学 [M]. 北京 : 人民教育出版社 ,1999.

[22] 黄华 . 世界著名教育思想家赫尔巴特 [M]. 北京 : 北京师范大学出版社 ,2012.

[23] 李臣之 , 郭晓明 , 和学新 , 张家军 . 西方课程思潮研究 [M]. 北京 : 人民教育出版社 ,2012.

[24] 廖哲勋 , 田慧生 . 课程新论 [M]. 北京 : 教育科学出版社 ,2003.

[25] 李臣之 , 等 . 西方课程思潮研究 [M]. 北京 : 人民教育出版社 ,2012.

[26] 宋斌 . 民办高校思想政治教育协同机制研究 [M]. 北京 : 人民出版社 , 2019.

[27] 钱朝阳 . "五位一体" 协同机制理论与实践 [M]. 北京 : 中国电力出版社 , 2016.

[28] 王睿喆 . 高校志愿者活动与大学生思想政治教育协同机制研究 [M]. 北京 : 中国原子能出版社 ,2016.

[29] 杨海军 . 思想政治教育情感载体研究 [M]. 北京 : 人民出版社 ,2019.

[30] 魏则胜 . 当代思想政治教育的理论与实践 [M]. 北京 : 人民出版社 ,2018.

[31] 张亚丹 . 大学生思想政治教育价值论 [M]. 北京 : 人民出版社 ,2017.

[32] 闵绪国 . 思想政治教育价值研究 [M]. 北京 : 人民出版社 ,2017.

[33] 陈水德 , 庄一民 . 高职高专思政课程论与实践辅导教本 [M]. 长春 : 东北师范大学出版社 , 2014.

[34] 杜荣华 , 刘绍勤 . 机械类专业 "课程思政" 案例 [M]. 长春 : 东北师范大学出版社 , 2019.

[35] 李世平 . "课程思政" 教学案例集 [M]. 上海 : 立信会计出版社 , 2019.

[36] 朱光强 . 美术院校课程思政的育人新探索 [M]. 北京 : 中国民族文化出版社 , 2019.

[37] 盖庆武，贺星岳．新时代高职课程思政理论与实践 [M]. 杭州：浙江工商大学出版社，2019.

[38] 康丽滢，王勇．课程思政视野下的大学生创新创业教育 [M]. 延吉：延边大学出版社，2018.

[39] 王昕晔，谢铮，宿哲骞．高校课程思政建设与人文精神的培养 [M]. 北京：北京工业大学出版社，2018.

[40] 武雅丽，叶勇，康亮．新时代高职院校工科专业课程思政教育探索 [M]. 成都：西南交通大学出版社，2019.

[41] 宁秋娅．高校青年教师思想政治工作研究 [M]. 北京：光明日报出版社，2018.

[42] 刘文红．新闻传播课程思政论文集 [M]. 北京：知识产权出版社，2018.

[43] 施索华，裴晓涛．新时代高校思政课的“打开方式” [M]. 桂林：广西师范大学出版社，2018.

[44] 齐立石．大学生思想政治教育 [M]. 成都：电子科技大学出版社，2017.

[45] 冯增俊．当代西方学校道德教育 [M]. 广州：广东教育出版社，1993.

[46] 戚万学．冲突与整合——20 世纪西方道德教育理论 [M]. 济南：山东教育出版社，1995.

[47] 阮元．阮刻春秋左传注疏（八）[M]. 杭州：浙江大学出版社，2015.

[48] 杨伯峻．论语译注 [M]. 北京：中华书局，2006.

[49] 李小龙．墨子译注 [M]. 上海：中华书局，2016.

[50] 王蒙．文化掂量：王蒙最新演讲录 [M]. 广州：花城出版社，2015.

[51] 王蒙．王蒙谈文化自信 [M]. 北京：人民出版社，2017.

[52] 李梁，王金伟等．文化自信与价值观自信 [M]. 上海：上海大学出版社，2017.

[53] 耿超．中国特色社会主义文化自信论 [M]. 南宁：广西师范大学出版社，2016.

[54] 李杰，陈超美．科技文本挖掘及可视化 [M]. 2 版．北京：首都经济贸易大学出版社，2017.

二、译著

[1] 里豪克斯，拉金 .QCA 设计原理与应用 [M]. 杜运周，李永发，译 . 北京：机械工业出版社 ,2019.

[2] 多尔 . 后现代课程观 [M]. 王红宇，译 . 北京：教育科学出版社 ,2015.

[3] 滕尼斯 . 共同体与社会 [M]. 林荣远，译 . 北京：北京大学出版社 ,2010.

[4] 阿摩斯·拉普卜特 . 文化特性与建筑设计 [M]. 常青等，译 . 北京：中国建筑工业出版社 ,2004.

[5] 朱丽叶·M. 科宾，安塞尔姆·L. 施特劳斯 . 质性研究的基础形成扎根理论的程序与方法 [M]. 朱光明，译 . 重庆：重庆大学出版社 ,2015.

[6] 佐藤正夫 . 教学原理 [M]. 钟启泉，译 . 北京：教育科学出版社 ,2001.

[7] 道格拉斯·诺斯 . 经济史中的结构与变迁 [M]. 陈郁，罗华平，译 . 上海：上海三联书店 ,1991.

[8] 凡尼尔·坦纳，劳雷尔·坦纳 . 学校课程史 [M]. 崔允漷，等译 . 北京：教育科学出版社 ,2006.

[9] 威廉·F. 派纳，威廉·M. 雷诺兹，帕特里克·斯莱特里，等 . 理解课程（上）[M]. 张华，等译 . 北京：教育科学出版社 ,2002.

[10] 丹尼斯·劳顿，等 . 课程研究的理论与实践 [M]. 张谓城，等译 . 北京：人民教育出版社 ,1985.

[11] 马克斯·韦伯 . 社会学的基本概念 [M]. 胡景北，译 . 桂林：广西师范大学出版社 ,2005.

[12] 赞科夫 . 教学与发展 [M]. 杜殿坤，等译 . 北京：文化教育出版社 ,1980.

[13] 拉尔修 . 名哲言行录 [M]. 马永翔，译 . 长春：吉林人民出版社 ,2003.

[14] 赫尔巴特 . 教育学讲授纲要 [M]. 李其龙，译 . 北京：人民教育出版社 ,2015.

[15] 赫尔巴特 . 普通教育学 [M]. 李其龙，译 . 北京：人民教育出版社 ,2015.

[16] 约翰·富兰克林·博比特 . 课程 [M]. 刘幸，译 . 北京：教育科学出版社 ,2017.

三、中文期刊论文

[1] 邱伟光 . 论课程思政的内在规定与实施重点 [J]. 思想理论教育 ,2018(8).

[2] 闵辉 . 课程思政与高校哲学社会科学育人功能 [J]. 思想理论教育 ,2017(7).

[3] 王学俭 , 石岩 . 新时代课程思政的内涵、特点、难点及应对策略 [J]. 新疆师范大学学报（哲学社会科学版）,2020(2).

[4] 沈贵鹏 . 心理学视域中泛课程思政的特点诠释 [J]. 思想理论教育 ,2018(9).

[5] 陈斌 . 高校课程思政的生成逻辑与推进策略 [J]. 中国高等教育 ,2020(2).

[6] 于桂花 .“课程思政”教学实践路径探析 [J]. 教育理论与实践 ,2020(4).

[7] 王景云 . 论“思政课程”与“课程思政”的逻辑互构 [J]. 马克思主义与现实 ,2019(6).

[8] 高德毅 , 宗爱东 . 从思政课程到课程思政 : 从战略高度构建高校思想政治教育课程体系 [J]. 中国高等教育 ,2017(1).

[9] 齐鹏飞 . 全面实现思政课程与课程思政的同向同行 [J]. 中国高等教育 ,2020(2).

[10] 石书臣 . 正确把握“课程思政”与思政课程的关系 [J]. 思想理论教育 ,2018(11).

[11] 巩茹敏 , 霍跃 . 构建课程思政与思政课程协同效应的新审视 [J]. 思想政治教育研究 ,2021(1).

[12] 章忠民 , 李兰 . 从思政课程向课程思政拓展的内在意涵与实践路径 [J]. 思想理论教育 ,2020(11).

[13] 马利霞 , 赵东海 . 系统思维视域下构建思政课程与课程思政协同育人体系 [J]. 系统科学学报 ,2021(1).

[14] 邱仁富 .“课程思政”与“思政课程”同向同行的理论阐释 [J]. 思想教育研究 ,2018(4).

[15] 何红娟 .“思政课程”到“课程思政”发展的内在逻辑及建构策略 [J]. 思想政治教育研究 ,2017(5).

[16] 蒙岚 . 混合式教学模式下大学英语课程思政路径 [J]. 社会科学家 ,2020(12).

[17] 赵洱岽，于彤彤，刘力纬，等 . 育心明德 道术相济——建构信息技术与教学融合的课程思政之路 [J]. 中国大学教学 ,2018(9).
[18] 冯梅，曹辉，李晓辉 . 以思政案例为载体的高校课程思政教育教学初探 [J]. 中国高等教育 ,2020(3).
[19] 于瑞恩，王静，管兰芳，张正义 . 精准扶贫思想融入《包装工艺学》课程的教学改革探索与实践 [J]. 包装工程 ,2020(1).
[20] 吴明红 . 思政课程中融入生态文明教育的实现模式探析 [J]. 思想政治教育研究 ,2018(3).
[21] 杜震宇，张美玲，乔芳 . 理工科课程思政的教学评价原则、标准与操作策略 [J]. 思想理论教育 ,2020(7).
[22] 肖玥 . 高校外语专业课程思政的探索实践 [J]. 中国高等教育 ,2020(3).
[23] 苏春，陈斌 . 课程思政的素材挖掘、内容组织与教学实践——以《系统可靠性分析与设计》课程为例 [J]. 东南大学学报（哲学社会科学版）,2019(2).
[24] 胡洪彬 . 课程思政：从理论基础到制度构建 [J]. 重庆高教研究 ,2019(1).
[25] 陈明 . 仁德、仁术、仁人——中医药院校课程思政建设的思考与路径 [J]. 时珍国医国药 ,2018(11).
[26] 张驰 . 教师的课程思政建设意识及其培育 [J]. 思想理论教育 ,2020(9).
[27] 顾晓英 . 教师是做好高校课程思政教学改革的关键 [J]. 中国高等教育 ,2020(6).
[28] 孙志强，孙斌 . 地方应用型院校“课程思政”育人体系研究 [J]. 教育理论与实践 ,2020(2).
[29] 蒲清平，何丽玲 . 高校课程思政改革的趋势、堵点、痛点、难点与应对策略 [J]. 新疆师范大学学报（哲学社会科学版）,2021(5).
[30] 刘在洲，唐春燕 . 各类课程与思想政治理论课同向同行的契合性与对策 [J]. 学校党建与思想教育 ,2019(9).
[31] 王丹丹 . 职业教育“课程思政”研究现状与展望 [J]. 中国职业技术教育 ,2020(5).
[32] 何源 . 高校专业课教师的课程思政能力表现及其培育路径 [J]. 江苏高

教 ,2019(11).
[33] 陈斌 . 高校课程思政的生成逻辑与推进策略 [J]. 中国高等教育 ,2020(2).
[34] 吴家华 . “八个统一”: 新时代思想政治理论课改革创新的根本遵循 [J]. 红旗文稿 ,2019(7).
[35] 韩玲 . 文化自信视阈下高职英语课程思政的四维路径 [J]. 中国职业技术教育 ,2020(3).
[36] 王莹 , 孙其昂 . 高校课程思政教师的政治底蕴 : 学理阐释与厚植路径 [J]. 高校教育管理 ,2021(2).
[37] 谢枝文 , 李凤全 . 行走在“田野”的课程思政模式与路径探索——以浙江师范大学地理学科为例 [J]. 地理教学 ,2021(3).
[38] 漆勇政 , 孙倩茹 . 农林高校课程思政建设的实践路径 [J]. 学校党建与思想教育 ,2021(6).
[39] 何玉海 . 关于“课程思政”的本质内涵与实现路径的探索 [J]. 思想理论教育导刊 ,2019(10).
[40] 高宁 , 张梦 . 对“课程思政”建设若干理论问题的“课程论”分析 [J]. 中国大学教学 ,2018(10).
[41] 张丹丹 . 复杂性视阈下“课程思政”建设路径研究 [J]. 广西社会科学 ,2018(9).
[42] 丁道勇 . 不可控的学习 :《课堂生活》开启的学习哲学 [J]. 北京大学教育评论 ,2020(1).
[43] 章小谦 , 杜成宪 . 中国课程概念从传统到近代的演变 [J]. 华东师范大学学报（教育科学版）,2005(4).
[44] 董慧 , 杜君 . 课程思政推进的难点及其解决对策 [J]. 思想理论教育 ,2021(5).
[45] 赵文东 . 课程思政协同育人机制的构建 [J]. 延边教育学院学报 ,2021(3).
[46] 韦诗业 , 李素芬 . 新时代思政课程与课程思政协同育人机制构建研究 [J]. 学校党建与思想教育 ,2021(2).
[47] 周赟 , 徐玉生 . 新工科背景下高校思政课育人体系建设的三重逻辑 [J]. 教育理论与实践 ,2021(2).

[48] 李娜，郭春秋，杨品红，等．“双一流”背景下地方应用型本科高校微生物学课程教学改革探索 [J]. 黑龙江畜牧兽医 ,2021(4).

[49] 欧丽娅，张少生．课程思政视域下高校体育课教学设计与实施探析 [J]. 广州体育学院学报 ,2021(4).

[50] 傅江浩，赵浦帆．高校思政课教学媒体技术融合改革创新 [J]. 湖北社会科学 ,2019(12).

[51] 李敏，夏婷．守正创新：思政课教学方法改革之“变”与“不变”[J]. 中学政治教学参考 ,2021(20).

[52] 王光明，卫倩平，张永健，等．教师核心素养和能力结构体系再探 [J]. 中国教育科学（中英文）,2019(4).

[53] 林媛红，张君辉．论新时代高校思政课教师的素养 [J]. 广西社会科学 ,2021(4).

[54] 于红丽，齐勇，陈立媛．论教师能力是思政课实践教学的关键要素支撑 [J]. 黑龙江教育（理论与实践）,2016(1).

[55] 王丹丹，王友富．高校“课程思政”理论研究进展与图书馆学人的作为 [J]. 高校图书馆工作 ,2020(5).

[56] 宫维明．“课程思政”的内在意涵与建设路径探析 [J]. 思想政治课研究 ,2018(6).

[57] 付文军．“课程思政”的学术探索：一项研究述论 [J]. 兰州学刊 ,2022(1).

[58] 韩宪洲．以“课程思政”推进中国特色社会主义一流大学建设 [J]. 中国高等教育 2018(3).

[59] 戴少娟．高校课程思政的核心要素解构与系统集成创新 [J]. 中国大学教学 ,2021(6).

[60] 康菲．“互联网 +”背景下的课程思政建设 [J]. 中学政治教学参考 ,2021(5).

[61] 张妍妍，高强．高职院校校园文化活动育人体系构建研究 [J]. 教育理论与实践 ,2018(4).

[62] 黄建军，赵倩倩．高校思想政治教育显性教育和隐性教育相统一的内在逻辑与路径优化 [J]. 思想教育研究 ,2020(11).

[63] 何润，陈理宜．试析高校专业课教师课程思政能力的提升进路 [J]. 学校党建与思想教育 ,2021(8).
[64] 刘侣萍．思政课教师引领课程思政建设的优势与途径 [J]. 学校党建与思想教育 ,2021(7).
[65] 孙广俊，李鸿晶，陆伟东，等．高校课程思政的价值蕴涵、育人优势与实践路径 [J]. 江苏高教 ,2021(9).
[66] 王丽，李雪，刘炎欣，陈理宜，刘小平．高校教师“课程思政”意识与能力现状的调查分析及建议 [J]. 高教探索 ,2021(9).
[67] 王光明，黄蔚，吴立宝，等．教师核心素养和能力双螺旋结构模型 [J]. 课程·教材·教法 ,2019(9).
[68] 鲁小莉，李娜，鲍建生．解读教师专业素养——基于专家教师和教研员的视角 [J]. 基础教育 ,2020(2).
[69] 张婷．终身学习理念下教师教育改革 [J]. 中国教育学刊 ,2019(1).
[70] 徐艳伟．教师终身学习能力的一般构成要素 [J]. 中国教育技术装备 ,2008(10).
[71] 许家烨．论课程思政实施中德育元素的挖掘 [J]. 思想理论教育 ,2021(1).
[72] 敖峰，曾佳．教师教学反思的溯源性追问与深化路径——基于前反思的视角 [J]. 当代教育科学 ,2020(11).
[73] 吕慈仙，智晓彤．“双一流”背景下高校多元科研绩效考核模式对教师创新行为的影响 [J]. 教育发展研究 ,2020(5).
[74] 贾哲敏．扎根理论在公共管理研究中的应用：方法与实践 [J]. 中国行政管理 ,2015(3).
[75] 杨华．以问题引领思想政治理论课课堂教学的实施路径研究 [J]. 黑龙江高教研究 ,2016(2).
[76] 王双群，曾丽华．思想政治理论课“MOOC+SPOC+ 翻转课堂”混合式教学模式探索 [J]. 思想理论教育 ,2019(6).
[77] 韩秋菊，石彤，郝国祥，等．在线教学中的课程思政教育 [J]. 中国免疫学杂志 ,2020(8).
[78] 邱微，南军，刘冰峰．课程思政与在线教学的隐性融合——以“水工程

施工”课程为例 [J]. 高等工程教育研究 ,2020(6).
[79] 谢幼如 , 邱艺 , 黄瑜玲 , 等 . 智能时代高校课程思政的设计理论与方法 [J]. 电化教育研究 ,2021(4).
[80] 姜玉红 . 突发公共卫生事件情境下高校公共体育在线教学机制研究 [J]. 西南师范大学学报（自然科学版）,2020(6).
[81] 谷牧宇 , 丁宁 , 张欣 , 等 . 预防医学专业课程思政实施现状调查 [J]. 医学教育研究与实践 ,2022(1).
[82] 吴雷鸣 . 融媒体时代高校思想政治教育工作有效性探究 [J]. 传媒 ,2021(4).
[83] 陈雷 . 全媒体时代生态文化的理念传播 [J]. 新闻战线 ,2016(10).
[84] 韩宪洲 . 深化“课程思政”建设需要着力把握的几个关键问题 [J]. 北京联合大学学报（人文社会科学版）,2019(2).
[85] 赵静静 . 课程思政的研究现状及未来研究方向展望 [J]. 德育研究 ,2019(7).
[86] 杨涵 . 从“思政课程”到“课程思政”——论上海高校思想政治理论课改革的切入点 [J]. 扬州大学学报（高教研究版）,2018(2).
[87] 焦连志 , 黄一玲 . 从“学科德育”到“课程思政”——习近平关于教育的重要论述指导下的高校德育创新 [J]. 集美大学学报（教育科学版）,2019(1).
[88] 裴晨晨 . 浅析高校开展“课程思政”的问题及对策建议 [J]. 决策咨询 ,2018(4).
[89] 高燕 . 课程思政建设的关键问题与解决路径 [J]. 中国高等教育 ,2017(3).
[90] 邱伟光 . 课程思政的价值意蕴与生成路径 [J]. 思想理论教育 ,2017(7).
[91] 赵晓兵 , 殷雅辉 . 课程思政评价体系构建与效果提升 [J]. 中学政治教学参考 ,2021(8).
[92] 石岩 , 王学俭 . 新时代课程思政建设的核心问题及实现路径 [J]. 教学与研究 ,2021(9).
[93] 庞庆泉 , 李悦 , 赵云 , 等 . 专业课教师实施课程思政的价值、优势与路径 [J]. 高教学刊 ,2021(7).

四、报纸

[1] 沈壮海 . 创造中华文化新辉煌 [N]. 光明日报 ,2018-01-06.

[2] 陈先达 . 文化自信中的传统与当代 [N]. 光明日报 ,2016-11-23.

[3] 陈先达 . 文化自信与民族自强 [N]. 人民日报 ,2016-12-5.

[4] 邱开金 . 从思政课程到课程思政 , 路该怎样走 [N]. 中国教育报 ,2017-03-21.

[5] 褚清源 . “新学习时代”的挑战 [N]. 中国教师报 ,2020-03-11.

[6] 韩庆祥 . 习近平新时代中国特色社会主义思想中的“精准思维”[N]. 新华日报 ,2020-6-9.

[7] 林于良 . 以精准思维推进高校课程思政建设 [N]. 山西日报 ,2021-01-12.

五、学位论文

[1] 杨金铎 . 中国高等院校“课程思政”建设研究 [D]. 长春 : 吉林大学博士学位论文 ,2021.

[2] 戚静 . 高校课程思政协同创新研究 [D]. 上海 : 上海师范大学博士学位论文 ,2020.

[3] 胡新峰 . 大学生思想政治教育机制研究 [D]. 长春 : 东北师范大学博士学位论文 ,2014.

[4] 王帅 . 改革开放以来大学生思想热点演进研究 [D]. 长春 : 东北师范大学博士学位论文 ,2019.

六、外文文献

[1] Aka, Justine J. Cookson, Natalie E. Hafferty, Frederic W. Finn, Gabrielle M. Teaching by Stealth: Utilising the Hidden Curriculum through Body Painting within Anatomy Education[J]. *European Journal of Anatomy*, 2018(3).

[2] Frederic W., Hafferty, Dana. Levinson. Moving Beyond Nostalgia and Motives: Towards a Complexity Science View of Medical Professionalism[J]. *Perspectives in Biology and Medicine*, 2008, 51(4).

[3] Hafler Janet P, Ownby Allison R, Thompson Britta M, Fasser Carl E, Grigsby Kevin, Haidet Paul, Kahn Marc J, Hafferty Frederic W. Decoding the Learning Environment of Medical Education: a Hidden Curriculum Perspective for Faculty Development[J]. *Academic medicine: journal of the Association of American Medical Colleges*, 2011, 86(4).

[4] Martimianakis Maria Athina Tina, Michalec Barret, Lam Justin, Cartmill Carrie, Taylor Janelle S, Hafferty Frederic W. Humanism, the Hidden Curriculum, and Educational Reform: A Scoping Review and Thematic Analysis[J]. *Academic Medicine: Journal of the Association of American Medical Colleges*, 2015, 90(11).

[5] Tamara K. Oser, Paul Haidet, Peter R. Lewis, David T. Mauger, Dennis L. Gingrich, Shou Ling Leong. Frequency and Negative Impact of Medical Student Mistreatment Based on Specialty Choice: A Longitudinal Study[J]. *Academic Medicine*, 2014, 89(5).

[6] Gofton Wade, Regehr Glenn. What We Don't Know We are Teaching: Unveiling the Hidden Curriculum[J]. *Clinical orthopaedics and related research*, 2006, 44(9).

[7] Haidet Paul, Stein Howard F. The Role of the Student-Teacher Relationship in the Formation of Physicians. The Hidden Curriculum as Process[J]. *Journal of general internal medicine*, 2006, 21(1).

[8] Neumann Melanie, Edelhäuser Friedrich, Scheffer Christia MME. Faculty Empathy and the Hidden Curriculum[J]. *Academic Medicine*, 2012, 87(4).

[9] Neumann Melanie, Edelhäuser Friedrich, Tauschel Diethard, Fischer Martin R., Wirtz Markus, Woopen Christiane, Haramati Aviad, Scheffer Christian MME. Empathy Decline and Its Reasons: A Systematic Review of Studies with Medical Students and Residents[J]. *Academic Medicine*, 2011, 86(8).

[10] Gaufberg Elizabeth H. MD MPH, Batalden Maren MD MPH, Sands Rebecca DO, Bell Sigall K. MD. The Hidden Curriculum: What Can We Learn From Third-Year Medical Student Narrative Reflections? [J]. *Academic Medicine*,

2010, 85(11).

[11] Allan Helen T, Smith Pam, O' Driscoll Mike. Experiences of Supernumerary Status and the Hidden Curriculum in Nursing: A New Twist in the Theory-Practice Gap? [J]. *Journal of clinical nursing*, 2011, 20(5).

[12] Heidi Lempp, Clive Seale. The Hidden Curriculum in Undergraduate Medical Education: Qualitative Study of Medical Students' Perceptions of Teaching[J]. *BMJ*, 2004, 329(15).

[13] Lee, JFK. A Hidden Curriculum in Japanese EFL Textbooks: Gender Representation[J]. *European Journal of Anatomy*, 2014(9).

[14] Osieja, H.Chova, LG. Martinez, AL. Torres, IC. Education as a Political Instrument: the Imposition of Gneder Ideology in the Open and Hidden Curriculum [J]. *Education, Research and Innovation*, 2018(11).

[15] Villanueva, I. Di Stefano, M.Gelles, L.Youmans, K.Hunt, A.Development and Assessment of a Vignette Survey Instrument to Identify Responses due to Hidden Curriculum among Engineering Students and Faculty[J]. *International Journal of Engineering Education*, 2020(36).

[16] Khan, A Z. Khan, Aamer Zaman. Non-Academic Attributes of Hidden Curriculum in Medical Schools[J]. *Jcpsp-Journal of the College of Physicians and Surgeons Pakistan*, 2013(23).

[17] Morrison, A. Roman, B. Borges, N. Psychiatry and Emergency Medicine: Medical Student and Physician Attitudes Toward Homeless Persons[J]. *Academic Psychiatry*, 2012(36).

[18] Torralba, K D. Jose, D. Byrne, J. Psychological Safety, the Hidden Curriculum, and Ambiguity in Medicine[J]. *Clinical Rheumatology*, 2020(39).

[19] Sarikhani, Y. Shojaei, P.Rafiee, M.Delavari, S. Analyzing the Interaction of Main Components of Hidden Curriculum in Medical Education Using Interpretive Structural Modeling Method[J]. *BMC Medical Education*, 2020(20).

[20] Raso,A.Marchetti, A. D' Angelo, D. Albanesi, B. Garrino, L. Dimonte, V. Piredda, M. De Marinis, MG.The Hidden Curriculum in Nursing Education: A Scoping Study[J]. *Medical Education*, 2019(53).

[21] Lipsitt, D R. Developmental Life of the Medical Student: Curriculum Considerations[J]. *Academic Psychiatry*, 2015(39).

[22] Doja, A.Bould, MD. Clarkin, C.Zucker, M. Writer, H. Observations of the Hidden Curriculum on A Paediatrics Tertiary Care Clinical Teaching Unit [J]. *Paediatrics & Child Health*, 2018(23):435-440.

[23] Peterson, DT.Brown, M.Wingo, N.Watts, P. Exploring Hidden Curriculum in an Interprofessional Intensive Care Unit Simulation[J]. *Clinical Simulation in Nursing*, 2018(22).

[24] Balmer, DF. Quiah, S. DiPace, J. Paik, S. Ward, MA.Richards, BF. Learning Across the Explicit, Implicit, and Extra-Curricula: An Exploratory Study of the Relative Proportions of Residents' Perceived Learning in Clinical Areas at Three Pediatric Residency Programs[J].*Academic Medicine*, 2015(90).

[25] Farny, S. Frederiksen, SH. Hannibal, M. Jones, SA. Culture of Entrepreneurship Education[J]. *Entrepreneurship and Regional Development,* 2016(28).

[26] Galam, E.Becoming doctor: Highlight the Hidden Curriculum. Medical Error as an Example[J]. *Presse Medicale*, 2014.

[27] Kittmer, T. Hoogenes, J. Pemberton, J. Cameron, BH. Exploring the Hidden Curriculum: A Qualitative Analysis of Clerks' Reflections on Professionalism in Surgical Clerkship[J]. *American Jornal of Surgery*, 2013(205).

[28] Poola, VP. Suh, B. Parr, T. Boehler, M.Han, H.Mellinger, J. Medical Students' Reflections on Surgical Educators' Professionalism: Contextual Nuances in the Hidden Curriculum[J]. *American Journal of Surgery*, 2021(221).

[29] Holmes, CL.Harris, IB. Schwartz, AJ. Regehr, G. Harnessing the Hidden

Curriculum: A Four-Step Approach to Developing and Reinforcing Reflective Competencies in Medical Clinical Clerkship[J]. *Advances in Health Sciences Education*, 2015(20).

[30] Bell, S K. Wideroff, M. Gaufberg, L. Student Voices in Readers' Theater: Exploring Communication in the Hidden Curriculum[J]. *Patient Education and Counseling*, 2010(80).

[31] Bandini, J. Mitchell, C. Epstein-Peterson, ZD. Amobi, A. Cahill, J.Peteet, J. Balboni, T. Balboni, MJ. Student and Faculty Reflections of the Hidden Curriculum: How Does the Hidden Curriculum Shape Students' Medical Training and Professionalization? [J].*American Journal of Hospice & Palliative Medicine*, 2017(34).

[32] Ackerman-Barger, K. London, M. White, D. When an Omitted Curriculum Becomes A Hidden Curriculum: Let' s Teach to Promote Health Equity[J]. *Journal of Health Care for the Poor and Underserved*, 2020(31).

[33] Doja, A. Bould, MD. Clarkin, C. The Hidden and Informal Curriculum Across the Continuum of Training: A Cross-Sectional Qualitative Study[J]. *Medical Teacher*, 2016(38).

[34] Lu, YF. *The Hidden Moral Education in Teaching of Automobile Application Engineering*[C]. Proceedings of The 2016 International Conference on Education, E-learning and Management Technology, 2016(44).

[35] Roder, CA. May, SA. The Hidden Curriculum of Veterinary Education: Mediators and Moderators of Its Effects[J]. *Journal of Veterinary Medical Education*, 2017(44).

[36] Nevilie, P. Zahra, J. Pilch, K. Jayawardena, D. Waylen, A.The behavioural and Social Sciences as Hidden Curriculum in UK Dental Education: A Qualitative Study[J]. *European Journal of Eental Education*, 2019(23).

[37] Aka, Justine J. Cookson, Natalie E. Hafferty, Frederic W. Finn, Gabrielle M. Teaching by Stealth: Utilising the Hidden Curriculum through Body Painting within Anatomy Education[J].*European Journal of Anatomy*, 2018(3).

[38] Frederic W. , Hafferty, Dana. Levinson. Moving Beyond Nostalgia and Motives: Towards a Complexity Science View of Medical Professionalism[J]. *Perspectives in Biology and Medicine*, 2008, 51(4).

[39] Hafler Janet P, Ownby Allison R,Thompson Britta M, Fasser Carl E, Grigsby Kevin, Haidet Paul, Kahn Marc J, Hafferty Frederic W. Decoding the Learning Environment of Medical Education: a Hidden Curriculum Perspective for Faculty Development[J]. *Academic medicine: journal of the Association of American Medical Colleges*, 2011,86(4).

致 谢

读博时代即将结束，与河北大学相识，始于2016年金秋，目之所及，皆是回忆，心之所向，皆是过往。读博期间，酸甜苦辣，我憧憬过，迷茫过，痛哭过，彷徨过，幸有恩师指点与宽慰，有同窗相伴与激励。能在河北大学马克思主义学院学习，得到学院的栽培，实乃人生之幸事。一路走来，纵有万般不舍，但仍心怀感激，更多的是心中那份真挚的感动。

感谢我的导师王凤鸣教授，在这6年中，老师对我的教导，绝不仅是知识上的倾囊相授，更是思维方式的培养和人格品质的塑造。老师“课程与德育”的思想，激发了我对“课程思政”问题的研究兴趣，那是2016年10月，比“课程思政”第一篇论文的发表（2017年1月）早了将近4个月，并以此为起点，一步步完成了这篇学术论文的撰写；老师重视国际交流与文献研读，送给我大量的图书资料，并鼓励我阅读国外的文献资料，令我对国内外文献有了更加全面深入的认识，逐渐培养了我的全球性学术视野；更重要的是，在随恩师学习的6年中，我深刻地感受到“身教”的力量，老师在自己的工作岗位上做出了弟子们无以匹极的杰出贡献——这是一种无须语言的教化，让我认识到随着能力的提升，我们的责任不断增大，对家庭、对社会、对国家、对全人类应当有更大的担当。

感谢给我授课、答辩和管理服务的各位领导和老师，老师们深厚的学术底蕴，细致严谨的学术态度，丰富渊博的知识和宝贵的人生经验令我受益终身。感恩读博6年来我所遇到的每一位老师，他们曾经的教导深深融入我的生命，有些话语值得我用一生去慢慢体悟。宫敬才老师上课的时候教导我们要把研究当作一种生活方式，他的作息习惯是晚上8点睡觉，早晨4点起床，唯一的购物习惯就是买书，读书、写作、教学是他的日常。我曾问宫老师，为什么有些书我读过了还是不会用？他告诉我，谁说书只读一遍呢？黄云明老师经常敲打我们说，不扒一层皮就想博士毕业那是不可能的，必须有坐冷板凳的坚持与毅力。柴素芳老师在最初课程思政资料非常缺乏的情况下及时给我分享了我校的课程思政经验交流微信群，她每一次的论文指导和谆谆教诲都让我受益良多。还记得田海舰老师给我们上《马克思主义经典著作选读》，那教学语言中所流露的厚重的学术底蕴至今对我影响深远。张秋山老师、王海老师、李维意老师和苏永生老师对我论文内容给予了非常细致的无私指导，感谢答辩主席北京大学林锋教授和答辩专家浙江大学成龙教授，感谢各位外审专家所提出的论文修改意见，每一个修改意见都让我醍醐灌顶，灵感倍增，收获巨大。老师们学识的渊博、学术的严谨、做人的谦逊，不但对我如何做好科学研究有很大的启发，而且为我今后如何做人做事、如何做一名好教师树立了榜样。

感谢各位师兄、师姐、师弟、师妹，在读博期间，我们聊工作、聊学习、聊生活，相互陪伴、相互支持。我始终记得他们在每次论文写作中为我提出的宝贵建议，并在我遇到挫折时给予我的帮助，为疲惫的我加油打气，他们的鼓励赋予了我极大的力量，支撑我走过这一段艰辛的求学之路。还记得博一时和同学们一起军训、一起听课，一起泡图书馆的快乐时光；也记得开题答辩没有通过时的沮丧和振作，论文发表屡屡被拒的无奈和坚强，笑过、哭过、失眠过，努力过、焦虑过、无助过，但唯独没有放弃过。我想和各位师弟师妹说的是，学术研究没有捷径，只要坚持，必有收获。前几日看到有人在朋友圈用“过程很苦，结果很酷”来激励自己的孩子努力学习，但我却认为，获取博士学位的结果固然重要，但是这种经历更有价值，这个过程让我蜕变、让我成长、让我坚强，让我在今后的人生路上不惧一切，勇往直前。

感谢我的家人，作为我最坚强的后盾，是他们无私的爱给了我顺利完成学业的动力支撑和有力保障！我的爱人承担了我们四口之家的所有劳动，我的两个姐姐扛下了照顾我们父母的大部分琐事。6 年里，我经历了新生命诞生的喜悦，2017 年正月，陈炫宇，我的小儿子出生了；我也经受了人世间最痛苦的失去至亲的生离死别，2020 年 4 月，我的父亲，一名优秀的人民教师永远地离开了他的家人，离开了他所热爱的教育事业，那是一种痛彻心扉的悲伤，一个女儿失去心中灯塔最永远的痛。

最后，谨以此文献给我最伟大的父亲。

杜鹃

2023 年 7 月

攻读博士学位期间取得的研究成果

1. 2019 年 11 月，主持河北省教改课题《“课程思政”视角下大学生职业生涯教育的教学改革研究》。

2. 2020 年 9 月，主持《大学生职业指导》校级一流课程“课程思政”专项项目。

3. 2021 年 5 月，在《领导科学》发表论文《双循环格局下高素质、专业化基层干部培养路径探析》，2021 年总第 794 期，第一作者。

4. 2021 年 10 月，在《电影评介》发表论文《一场品味“世遗”的寻根之旅：〈万里走单骑——遗产里的中国〉创作策略聚焦》，2021 年第 19 期，第二作者。

5. 2021 年 12 月，在《石家庄铁路职业技术学院学报》发表论文《大学生职业生涯教育的课程思政教学改革研究》，2021 年第 20 卷第 4 期，第一作者。

6. 2021 年 12 月，在共青团河北省委《建设青年发展友好型省份》大讨论项目活动中，项目论文“从政策优化视角推进河北省青年发展友好型省份构建”获二等奖。

7. 2022 年 3 月，在《石家庄铁路职业技术学院学报》发表论文《博比特的德育思想对我国课程思政建设的启示》，2022 年第 21 卷第 1 期，第一作者。